AF140891

Impressum

© Angelina Schüler
Keine Zeit für Kunst
Dreimal Siebzehn plus Eins Kurzgeschichten und Gedichte
2015

Herstellung und Verlag:
BoD – Books on Demand, Norderstedt
ISBN 978-3-7386-4889-8

Angelina Schüler

Keine Zeit für Kunst

Dreimal Siebzehn plus Eins
Kurzgeschichten und Gedichte

Für Zevan.
Danke für jeden einzelnen Zettel.

Inhalt

Anfang

Alles mitnehmen	5
Milz und Nieren	7
Dreiklang-Gesäusel	8
Meine erste Lesung	10
Felsen	15
Erzählungen eines Notizbuches	16
Musik machen	19
Grundgesetz	22
Radiosendung	24
Wenn Liebe nicht wäre	26
Blutende Blumen	27
Möglichkeiten	31
Der Neue	32
Vergänglichkeit einer kriminellen Tat	34
Ein Schritt zu weit	38
Nichtsdestotrotz	41
Handgeschriebener Brief	43

Mitte

26 Männer mögen dich	49
Brot und Öl	52
Finstere Freunde	53
Symphonie eines Tauben	56
Ein ganzer Tag	60
Teilung	63
Neu/Alt	64
Samtene Lippen	65
Sensibilität und Selbstlosigkeit	68
Aktion Albatros	69

Dort   73
Der Laden in der Stadt   74
Gebeugte Ampeln   77
Reduzieren   79
Schmerzensgrenzen   80
„Heute trifft Gestern" – Rainer Maria Rilke   82
Rabe   83

Ende

Narrenfreiheit   87
Makel   89
Eine Frage der Wortwahl   90
Traumfänger   92
Knöpfe   93
Binsenweisheit   96
Vergiss es   97
Szene   103
Wo Licht ist, ist Schatten   105
Geschichtskurs   108
Eine offene Rechnung   109
Mit Abstand das Ende   110
Vom Verschwinden   112
An meine Sachbearbeiterin   114
Sprung ins Nichts   116
Weil es jetzt Bananen geben soll   117
Hier stehe ich   119
Ein Davor und ein Danach   120

Danksagung

Anfang

Alles mitnehmen

Ich bin im vierten Semester eines geisteswissenschaftlichen Studienganges. Das ist in etwa, wie wenn man 17 ist. Die Euphorie, dass man sich jetzt ganz offiziell ausweisen kann, ist verflogen, Zigaretten und Alkohol darf man noch nicht legal kaufen. Ich bin so sehr dazwischen, dass es mir – meistens in ganz dunklen Nächten – so vorkommt, als sei ich bereits in meiner ersten Midlifecrisis. Gott sei's gedankt habe ich in meinem näheren Umfeld tatkräftige und rege Mitmenschen, die oft und gerne jegliche Aktivitäten im Kultur- und Sozialbereich wahrnehmen. So bin ich allwöchentlich zu drei bis vier Partys eingeladen, die ich in der Regel nicht besuche. Es liegt nicht daran, dass mir soziale Kompetenzen fehlen oder ich das System hinter dem Einladen und Eingeladenwerden nicht verstünde, ich habe schlicht und einfach keine Lust meine Zeit an einem Ort zu verbringen, den ich nicht mag, Musik zu hören, die ich zum Kotzen finde und mich mit Leuten zu unterhalten, die mich kein bisschen interessieren. Ich werde unerträglich. Meinen Mitmenschen versaue ich regelmäßig die Stimmung. Das möchte ich vermeiden, deshalb komme ich oft nicht mit. Im ersten Semester konnte ich sagen, dass ich mich in der Stadt noch nicht so auskenne und dann nicht weiß, wie ich nach Hause komme. In einem Jahr werde ich sicher meine Bachelorarbeit als Ausrede benutzen. Aber jetzt bin ich irgendwo dazwischen. Bin angekommen und muss mit. Denn die Studienzeit soll ja die schönste Zeit des Lebens sein. Da darf man nicht in seinem Zimmer sitzen und Hausarbeiten schreiben. Da sollte die Welt entdeckt und die eigenen Grenzen überschritten werden. So zumindest die Meinung der Menschen, die derzeit keine meiner Ausreden gelten lassen und mich von einem angesagten Club zum nächsten und von einer hippen Bar zur anderen schleppen. Ich muss alles mitnehmen, ich verpasse sonst das Leben. Als läge es in der Toilette der Kneipe von letzter Woche und wartet nur darauf, dass ich es wieder abhole. Sozialer Druck ist nichts für mich. Trotzdem suche ich die beste Hose raus, trotzdem trinke ich Bier zum Vorglühen, trotzdem gehe ich mit und trotzdem tanze ich irgendwann. Weil es natürlich Spaß macht, loszuziehen, laut auf den Straßen zu singen, den tollen Menschen im Arm zu halten, die Nacht verschwinden zu sehen. Dennoch, ich habe kein Problem damit, mal nicht mitzukommen. Es bringt mich nicht um, das nächste Kapitel auch noch zu lesen oder einfach mal lecker für mich allein zu kochen. Vielleicht bin ich egoistisch, doch mein aktueller Lebensmittelpunkt bin ich. In den letzten Jahren habe ich mich nicht so sehr um mich gekümmert und jetzt bin ich eben dazwischen. Und dazwischen soll man sich auch mal ausruhen und besinnen. Ich nehme genug Kram und Zeug in den nächsten Abschnitt mit. Die ein oder andere Nacht bleibt so oder so auf der Strecke.

Milz und Nieren

Zwischen Muskel
und Drüse
hängt das
Nervenbündel

Neben Rippe
und Arterie
läuft der
Kreislauf

Hinter Milz
und Niere
bricht die
Amygdala

Dreiklang-Gesäusel

Die Karten waren unverschämt teuer und die Sitze katastrophal unbequem. Meike sagte, das muss so sein. Kultur ist eben kein Luxus. Ich gab es auf, mich zu beschweren und versuchte, den Saal und das Gebäude mit allen Details zu erfassen. Das altehrwürdige Haus wurde weit vor dem Krieg gebaut, große Säulen schmücken den Eingangsbereich, im Parkettfoyer waren die Wände mit braunem Naturstein verkleidet, die Büsten der berühmten Söhne der Stadt standen im Viereck im Rangfoyer. Es roch nach Sekt und den kleinen Brötchen, die es für fast vier Euro im Restaurant gab. Natürlich saßen wir in der ersten Reihe im Rang, Platz 15 und 16, direkt in der Mitte. Dies hatte den Vorteil, dass wir nur einmal vor dem Konzert aufstehen mussten um unseren Sitznachbarn – ein älteres Doktorenehepaar – Platz zu machen. Die verbleibende Zeit konnten wir entspannt auf den Konzertbeginn warten. Der Abenddienst war heute großzügig und hatte die Saaltüren 20 Minuten vorher geöffnet. Die Bühne stand voll mit Stühlen, Notenständern und Instrumenten – solchen, die zu sperrig waren, um sie elegant zum Platz zu tragen. Die Musiker warteten professionell hinter der Bühne. Nur die Harfenistin saß noch vor ihrem „Arbeitsgerät", zupfte unermüdlich an den Saiten und stimmte sie vor den Augen der hereinströmenden Zuschauer. Nach einiger Zeit ging auch sie nach hinten und ich begann, etwas neues Interessantes zum Beobachten zu suchen. Meike las derweil wie besessen das Programmheft durch. Sie würde mir nachher alle Fakten über das Stück, den Komponisten, das Orchester und den Solisten präsentieren, als hätte sie all das schon vorher gewusst und nur deswegen die Karten gekauft. Das war ihr besonderes Talent. Ich rückte etwas nach rechts. Die mit burgunderfarbenen Samt bespannten Sitze quietschten herrlich beim Herunterklappen. Aus dem Augenwinkel sah ich den Lichttechniker auf der linken

Galerie. Er schob vorsichtig eine blaue Folie vor den Scheinwerfer. In einem Fachmagazin habe ich mal gelesen, dass diese Folie das Licht natürlicher wirken lässt. Ich konnte allerdings keinen Unterschied zu vorher erkennen und ließ meinen Blick erneut schweifen. Lauter ältere Ehepaare betraten den Saal, die Frauen mit Handtäschchen in schrecklich altmodischen Kleidern, die Männer mit ebenso altmodischen Anzügen. Manchmal passte Hose und Jackett nicht ganz zusammen, so wie bei dem Doktorenehepaar neben uns. Der Herr hatte sich neben mich gesetzt. Ich war ihm ein wenig dankbar. Das Parfüm seiner Frau war schon penetrant genug. Drei Stunden direkt neben ihr hätte ich sicher nicht ausgehalten. Als ich schon fast versucht war mit meinem Nachbarn ins Gespräch zu kommen, huschte ein Techniker über die Bühne und legte auf dem Dirigentenpult Partitur und Taktstock zurecht. Er machte es mit einer solchen Sorgfalt, dass ich bewundernd Meike fragte, ob auch die Techniker im Programmheft stehen. Sie verneinte dies spöttisch und las angestrengt weiter. Mir brach es fast das Herz, als er die Bühne verließ. Ich konnte mich gerade noch zurückhalten, nicht zu applaudieren. In mir machte sich das Gefühl breit, den besten Moment des Abends schon erlebt zu haben. Gleich darauf wurden die Türen geschlossen und das Saallicht gedimmt. Meike setzte sich aufrecht hin und verstaute das Programmheft unter ihren Oberschenkeln. Sie sah unzufrieden aus. Wahrscheinlich hatte sie nicht alles lesen können und fühlte sich jetzt unvorbereitet. Das Orchester betrat die Bühne, ich klatschte, die Konzertmeisterin sah furchtbar unzufrieden aus und gab das „a". Endlich kamen der Dirigent und der Solist auf die Bühne, es wurde wieder geklatscht, der Dirigent schwang seinen Taktstock. Nach den ersten drei Tönen schlief der ältere Herr neben mir ein und grunzte ganz leise. Ich legte meinen Kopf auf seine Schulter. Nach weiteren drei Tönen nickte auch ich ein.

Meine erste Lesung

Ich, in Rollkragen und drei Bücher unter dem Arm, betrete die Bühne. Mein Publikum wartet schon gespannt auf mich.

ICH: Guten Abend, meine Damen und Herren, mein Name ist -

Ich stocke. Eine Hand ist nach oben gestreckt. Ein Mann.

ICH: Ja, bitte. Sie haben eine Frage?

EIN MANN AUS DEM PUBLIKUM: Danke. Lesen Sie heute auch Gedichte von Clemens Brentano?

ICH: Wie bitte?!

EIN MANN AUS DEM PUBLIKUM: Clemens Brentano. Ich finde ja seine Gedichte so schön.

EINE FRAU AUS DEM PUBLIKUM: Ja, die sind wirklich schön. Oder Sie lesen ein paar von Rilke.

EINE ZWEITE FRAU: Nein, lieber die 'Terzien des Herzens' von Annemarie Bostroem!

Ein Blick auf meine Bücher. Die geschätzten hundert Klebezettel zwischen den Seiten wirken geradezu lächerlich überflüssig.

EIN JUNGER MANN: Die ist doch völlig überholt! Er sollte lieber was von Erich Fried vorlesen.

EINE ZWEITE FRAU: Nein, ich bleibe dabei. Rilke oder Brentano.

EINE HÜBSCHE FRAU IN REIHE DREI: Würden Sie was von E.E. Cummings zum Besten geben?

Ich überlege kurz. Habe ich zufällig ein Buch von ihm dabei? Nein. Mist.

EINE ZWEITE FRAU: Ach, da können Sie auch gleich noch Jörn Pfennig und Mark Levy vortragen. Das schafft so einen schönen Rahmen.

EIN JUNGER MANN: Nicht Pfennig! Der ist viel zu schnulzig. Lieber Gottfried Benn. Passt auch besser.

Ich möchte mich zu Wort melden. Schließlich ist das meine Lesung. Geht aber nicht.

EIN ALTER HERR GANZ HINTEN: Ich bitte Sie alle inständig darum, sich zu vergegenwärtigen, wo wir uns hier befinden!

Danke!!!! Ich möchte endlich anfangen, meine Texte zu lesen.

EIN ALTER HERR GANZ HINTEN: Lassen Sie uns lieber Klassiker hören, dafür ist diese Lesung doch perfekt. Junger Mann, lesen Sie doch was von Fontane, Goethe, Kästner, Heine oder von mir aus auch Kahlau.

Meine Sympathie verschwindet gerade …

EIN MANN AUS DEM PUBLIKUM: Was für eine schöne Idee! Dann fangen Sie doch bitte mit 'Prometheus' an.

EINE FRAU AUS DEM PUBLIKUM: Von Goethe oder von Heine?

EIN MANN AUS DEM PUBLIKUM: Heine hat auch über Prometheus geschrieben?!

EINE ZWEITE FRAU: Durchaus!

EINE DICKE FRAU: Moment mal, was ist denn mit den Dichterinnen? Marlen Pelny oder Ricarda Huch?

EINE ÄLTERE DAME: Wir haben doch schon Bostroem.

EINE DICKE FRAU: Das reicht aber nicht!

EINE FRAU MIT BRILLE: Lesen Sie doch was von Robert Gernhardt, das ist immer so lustig.

Ich bin irritiert. Sie hat wirklich mich gemeint. Doch es geht schon weiter.

EIN MANN AUS DEM PUBLIKUM: Also wenn sich das so entwickelt, dann möchte ich bitte nur was von Brentano hören!

EINE ZWEITE FRAU: Glauben Sie, dass Sie hier auf einem Wunschkonzert sind?

EINE DICKE FRAU: Jeder schlägt was vor und was die Mehrheit hören möchte, liest der junge Herr dann vor.

EINE ÄLTERE DAME: So kommen wir nicht weiter. Ich schlage eine alphabetische Reihenfolge der Autoren vor. Und dann jeweils nur ein Gedicht!

EINE HÜBSCHE FRAU IN REIHE DREI: Vor- oder Nachname?

EINE ÄLTERE DAME: Nachname natürlich!

Ein Tumult bricht aus. Es ist schrecklich laut. Ich möchte – bevor ich hier an den erstbesten Literaten verscherbelt werde – gehen. Plötzlich höre ich eine empörte Stimme.

EINE FRAU GANZ VORNE: Hallo, wo wollen Sie denn hin?

Stille.

ICH: Ich möchte gehen.

EINE DICKE FRAU: Ja, aber Sie haben doch jetzt hier Ihre Lesung.

EIN MANN AUS DEM PUBLIKUM: Und wir haben hierfür immerhin vier Euro Eintritt gezahlt.

ICH: Aber ich habe kein einziges Buch von den Autoren, die Sie vorgeschlagen haben, dabei.

EINE FRAU GANZ VORNE: Ach, das ist kein Problem!

Sie kramt in ihrer Tasche und reicht mir ein alt anmutendes Buch. Sie kommt mir ganz nah und flüstert.

EINE FRAU GANZ VORNE: Fangen Sie mit Seite 25 an, das ist mein Lieblingsgedicht.

Ich schaue mir das Buch genau an. Christian Morgenstern.
Galgenlieder.
Passt doch …

Felsen

Unter Tränen sprach
das Sandkorn
zur Schönheit:

Bevor das Meer
mich zur Winzigkeit hin
umspülte,
war auch ich
einst
dein Fels
in der
Brandung.

Erzählungen eines Notizbuches

Ich bin froh, dass mein Notizbuch kein Eigenleben hat. Wenn ich mir vorstelle, was es aushalten muss, wie es sein Dasein fristen, wie es von einem Punkt zum anderen geschleppt wird, wie oft ich die Seiten schon umgeknickt, durchgestrichen und herausgerissen habe. Ich bin wirklich froh, dass mein Notizbuch nur ein Buch ist.

Eigentlich stimmt das gar nicht. Mein Notizbuch ist nicht nur ein Buch. Es ist vor allem eine willkommene Gedankenstütze. Ohne mein Notizbuch kann ich mir kaum irgendwelche Termine merken, oder Zitate und Formulierungen aus Büchern, die ich immer bei mir haben möchte. Mein Kopf ist oftmals so überfüllt und durcheinander, dass ich alles geordnet aufschreiben muss, um die Kopfschmerzen loszuwerden. Demzufolge ist mein Notizbuch auch mein Allgemeinarzt. Oder mein Aspirin.

Natürlich gibt es in meinem Notizbuch die obligatorischen Kritzeleien. Wenn ich nachdenke, wenn mir langweilig ist oder wenn ich schlecht geträumt habe, dann male ich drauf los. Aber immer nur auf eine Seite! In meinem Notizbuch herrscht – zumindest was die Aufteilung angeht – eine strikte Ordnung. Die linke Seite ist für Kritzeleien, die rechte für den Text. Es gibt keine Ausnahmen! Mein Notizbuch ist mein härtester Kritiker.

Wenn es reden könnte, würde es sich sicherlich über meine miserable Handschrift beschweren. Dabei bemühe ich mich schon und habe extra einen Füllfederhalter gekauft. Die ersten Sätze sehen auch noch sehr ordentlich aus, aber im Laufe des kreativen Prozesses wird jeder Buchstabe kleiner und unsauberer. Ich kann nichts dagegen tun. Ich habe nur die Wahl zwischen einer ordentlichen Form oder einem vertretbaren Text. Und doch versuche ich es immer wieder. Mein Notizbuch erzieht mich zur Sauberkeit.

Es muss ganz schön viel aushalten. Auch wenn ich weiß, dass mein Notizbuch kein Eigenleben hat, behandle ich es oft wie einen Menschen. Ein guter Freund, der zuhört. Aber irgendwann brauche ich auch mal Zuspruch und ein gutes Wort. Das kann mir mein Notizbuch nicht geben. Dafür muss es leiden. Ich lasse meinen Ärger an den Seiten aus und werfe nach den Schatten an den Wänden. Mein Notizbuch ersetzt die Therapiestunden. Und den Boxsack.

Manchmal, wenn ich mein Notizbuch nicht finde, weil ich es mal wieder in die hinterste Ecke meines Zimmers geschmissen habe, werde ich paranoid. Ich stelle mir vor, dass es jemand findet und darin liest. Dass derjenige mir alle meine guten Ideen wegnimmt und sie als seine eigenen verkauft. Oder schlimmer: dass dieser Mensch mich dann wirklich kennt. Mein Notizbuch ist gefährlich und wird mir irgendwann das Genick brechen.

Ich kann von meinem Notizbuch unmöglich verlangen, dass es schweigt. Mein Verhalten entspricht nicht immer das eines guten Freundes oder eines gütigen Hausherren. Ich habe Fehler, wie jeder andere auch. Wenn ich nicht perfekt bin, warum sollte es dann mein Notizbuch sein. Vielleicht will es sich ja auch mal ausheulen, auch mal die Sau rauslassen, bis spät in den nächsten Morgen hinein wegbleiben, den ganzen Tag im Bett lesen und Schokolade essen, muffelnd in der Küche sitzen und Kaffee trinken. Vielleicht sollte ich meinem Notizbuch diese Freiheiten lassen. Aber dann kommen mir wieder Zweifel. Sehe ich mein Notizbuch nicht zu menschlich? Es ist doch nur ein Buch, in das ich manchmal hineinschreibe, dass ich überall mitschleppe und nicht aus den Augen lassen kann.

…

Und plötzlich wird es mir wieder klar. Ich bin wirklich froh, dass mein Notizbuch kein Eigenleben hat. Denn wenn es nicht so wäre, könnte ich diese Zeilen gar nicht schreiben. Es würde jedes einzelne Wort in sich aufsaugen und durchstreichen.

~~Ja, ich bin wirklich froh, dass es *nur* ein Buch ist.~~

Musik machen

Es gibt zwei Arten von Menschen. Die einen können im Takt klatschen und die anderen nicht. Dazwischen gibt es nichts mehr. Niemand ist nur ein bisschen musikalisch. Zugegeben, Musik ist Arbeit. Aber wer tatsächlich von Klang und Harmonie gefesselt ist, hält das aus. Und ist seinem Musiklehrer auf ewig dankbar. Das alles ruft er sich immer wieder ins Gedächtnis. Er ist musikalisch. Er ist Musiker. Er macht Musik. Machen. So ein falsches Wort für eine so erhabene Tätigkeit. Erschaffen, Kreieren, Schöpfen. Viel, viel besser. Mittlerweile macht er aber nur noch. Er ist Musiklehrer. Seine Schülerinnen und Schüler sind nicht älter als zehn. Sie schmieren lieber die Marmelade vom Pausenbrot auf die Tasten als Mozarts *Kleine Nachtmusik* nachzuspielen. Er macht kaum noch Musik, er macht vor allem sauber.
Jetzt saß er im Musikzimmer, wartete auf den nächsten Schüler und dachte über seine Zukunft nach. Wie wird es wohl in zehn Jahren sein? Er dachte an Mimi. Sie würde gerne bald schwanger werden. Aber jetzt konnten sie sich kein Kind leisten. Sie steckte mitten in ihrer Promotion und er … nun ja, arbeitete. Außerdem verändert Nachwuchs das komplette Leben. Seine Band hatte sich vor einem Jahr aufgelöst. Der Gitarrist und der Drummer waren fast gleichzeitig Vater geworden. Die ersten Wochen ging das alles irgendwie. Doch nach vier Monaten war den beiden klar, dass sie nicht mehr auf Tour gehen wollten. Familie geht vor. Dann war der neue Bassist mit dem Abi fertig und hatte einen Studienplatz knapp 300 Kilometer weit weg bekommen. Da auch der Weltruhm ausblieb, gab er auf und übernahm zum nächsten Monat mehr Musikstunden.
Seine Eltern waren wenig überzeugt, als er Musik studieren wollte. Nur die Besten würden es schaffen, klar. Aber wer sagte, dass er nicht einer der Besten werden konnte? Die Aufnahmeprüfung

bestand er ohne Probleme. Er spielte immer gut. Seine Mentoren waren ihm wohlgesonnen. Ein paar Auftritte in großen Häusern ließen sein Ego anschwellen. Er übte nicht mehr gewissenhaft. Kritik prallte an ihm ab. Er trank und feierte und verschlief seine Einzelproben. Ein Konzert im Hamburger Schauspielhaus beendete seine Karriere. Der zweite Satz von Haydns Klavierkonzert D-Dur von 1782 war eine komplette Katastrophe. Man riet ihm, das Studium für eine Zeit auf Eis zu legen und in Ruhe zu überlegen, ob es wirklich das Richtige für ihn wäre. Er kehrte nicht zurück, sondern schlug sich mit seiner Band durch. Sie waren jung. Alles war erlaubt. Sie verdienten gerade so viel Geld, dass sie sich ab und zu ein Hotelzimmer leisten konnten. Der Rest geschah im Tourbus, ein alter, umgebauter Posttransporter. Auf einem Campus-Konzert lernte er Mimi kennen. Frisches Erstsemester, es sollte eigentlich nur eine Nacht werden. Nach fünf Wochen waren sie verlobt. Es war richtig. Jetzt, nach neun Jahren, wusste er das. Damals war sein bester Freund und Bassist entschieden gegen die Bindung an eine Frau. Nächtelang diskutierten die beiden über Verantwortung. Sein Freund verstand die Verlobung als Verrat an der Sache. Er stellte sich ihn als Heimchen am Herd vor. Er versuchte, ihm zu erklären, dass sich nichts ändern wird und er der Band und ihm immer treu sein wolle. Sein Freund schrie und tobte, zerlegte das halbe Zimmer und fuhr anschließend mit dem Tourbus davon. Am nächsten Tag erfuhren die übrigen Bandmitglieder, dass ihr Bassist und Freund seit vielen Monaten schon Drogen nahm. Das Wrack fanden die Polizisten zwei Kilometer entfernt in einem Waldstück. Er war sofort tot.

Es dauerte lange, bis die Band diesen Verlust verkraftete. Es dauerte noch länger, bis sie sein Instrument ersetzen konnten. Der junge Mann versuchte alles, aber die Lücke war zu groß für ihn allein. Im Nachhinein betrachtet, war das eigentlich das Ende. Auch wenn sie alle etwas anderes dachten.

Mimi war in all den schweren Jahren eine unglaubliche Stütze für ihn. Dennoch hatte er sie nicht geheiratet. Der Verrat am Freund hinderte ihn. Und sie verstand es. Jetzt also ein Kind. Zumindest diesen Wunsch sollte er ihr doch erfüllen. Wenn sie sich schon kein weißes Kleid kaufen durfte. Die Umstände waren sicher nicht günstig, aber sie waren ja auch nicht allein. Mimis Eltern lebten in der Stadt und ein Kind im Studium soll ja eigentlich der beste Zeitpunkt sein. So ein kleiner Wurm, mit ihren Augen und seinen Händen …

Es klopfte. Der Schüler trat ein. Er war sieben und eigentlich völlig untalentiert. Seine Eltern zahlten gut. Drei Stunden versuchte er dem Kleinen die Tonleiter zu erklären – erneut. Danach noch zwei Schüler. Als er das Klavier schloss, war die Idee eines Kindes so weit weg. Diese kleinen Biester verstehen nichts von Musik! Wie nur hat er sich das gerade so schön vorstellen können? Er musste mit Mimi reden. Kein Kind in den nächsten fünf Jahren. Er brauchte einen anderen Job und sie musste die Promotion schreiben. Da ist kein Platz für eine Zeitverschwendung.

Abends fiel er vor Erschöpfung ins Bett neben Mimi. Sie schaute ihn an.

„Schlimmer Tag?"

„Wie immer."

Sie ließ ihn einschlafen. Morgen würde sie es ihm sagen. Sie lauschte in die Nacht, berührte ihren Bauch und lächelte im Dunkeln.

Grundgesetz

Vorzulesen in unruhigen Zeiten.

§1
Nicht bloß lieben, vielmehr bestätigen, vollenden.

§2
Sein Leben auf den anderen ausrichten, aber immer noch genug Spielraum auf beiden Seiten lassen.

§3
Ein Gespräch dankbar annehmen, den Worten Obdach gewähren und - sofern es nicht schmerzt - in sich einschließen. Und niemals den Schlüssel weggeben.

§4
Sich erklären.

§5
Keine dauernden Rückversicherungen fordern.

§6
Eine Feste besitzen, vor Anker gehen, nicht ständig eine Ausgangstür suchen.

§7
Sich kontrollieren ohne sich selbst zu verraten.

§8
Ehrlich sein, ein Risiko wagen - was kann man verlieren?

§9
Ruhe finden, noch mehr Ruhe ausstrahlen.

§10
Erden, akzeptieren, stolz sein.

Radiosendung

Jetzt ist das Maß voll! Bis hier hin und nicht weiter. Jetzt habe ich zum tausendsten Mal gehört, dass Menschen mit schwerer Kindheit vermehrt psychisch geschädigt sind und sich leichter manipulieren und radikalisieren lassen. Und jetzt ist es genug. Ich kriege einen Wutanfall und schreie das Radio an. Der Moderator macht unbeirrt weiter mit seiner Psychoanalyse. Klar, er hört mich schließlich nicht. Er bekommt nichts mit von meinen einstudierten Argumenten gegen seine These des generellen Totalausfalls meiner Biografie.

Kinder, die frühzeitig Gewalterfahrungen gemacht haben, neigen im späteren Leben eher dazu, Probleme ebenfalls mit Gewalt zu lösen.

Scheiße, ja, jetzt würde ich das Radio wirklich gerne aus dem Fester werfen und meinem stereotypischen Profil gerecht werden! Aber nur, weil es mich so aufregt, dass ich immer und überall mit Serienmördern, Vergewaltigern, gespaltenen Persönlichkeiten, Suizidgefährdeten, Extremisten und neurotisch Gestörten über einen Kamm geschert werde. Weil ich in eine Schublade gesteckt werde, die mir sofort mehrere Sprünge in meiner mentalen Schüssel attestiert. Weil ich dadurch plötzlich für alle nur noch das geschlagene Kind bin. Weil ich dann nur noch das Opfer bin.

Wir finden in den Biografien von radikalen Extremisten immer wieder den Verweis auf eine schwierige Kindheit.

Ach, ihr wollt also etwas Extremes? Vielleicht sollte ich mich dann meiner Erfahrungen entsprechend verhalten. Ja, vielleicht ist das sogar die beste Idee überhaupt. Schließlich schickt sich in euren Studien ja keine Abweichungen. Und ich will nicht dafür verantwortlich sein, wenn euer methodisch einwandfreies Versuchsraster durch ein Positivbeispiel verfälscht wird. Bei geschlagenen Kindern muss das Bild ja stimmen.

Also radikalisiere ich mich jetzt.

Ich trete einer möglichst linksorientierten Jugendorganisation im politischen Sektor bei. Dann kann ich endlich auf Demonstrationen mit farbigen Transparenten wedeln, Parolen schreien und wegrennen. Und vielleicht treffe ich mit meinen Steinen noch ein paar Polizisten. Die wurden als Kinder bestimmt nicht verprügelt. Denen hat man über den Kopf gestrichen und gesagt, dass sie ganz feine Spatzis sind und immer brav aufessen und schon aufs Töpfchen gehen können. Deswegen sind die bestimmt auch Polizisten geworden. Ja, denen würde ich meine typische Wut ins Gesicht schreien und natürlich würde ich mich der Festnahme widersetzen. Wobei ich da schon auf meine Knieverletzung vom Sommer achten muss…

Vielleicht sollte ich dann auf das ewige Rumstehen bei solchen Demos verzichten. Oder ich suche mir nur generell friedliche Demos mit Sitzkreis und guter Krankenversorgung aus. Aber das ist dann nicht mehr radikal. Außerdem hat mich Politik noch nie interessiert.

Gut, dann radikalisiere ich mich im Sitzen! Ich lasse mich von den fundamentalistischsten Christen taufen, die ich finden kann. Ich werde Zeuge Jehovas! Aber die laufen auch immer rum.

Dann Mormone! Obwohl mir das ja eigentlich zu Amerikanisch ist. Vielleicht doch Dominionist. Da wäre aber wieder Politik dabei. Scientology? Zu teuer…

Während der Moderator längst schon gewohnt bequem durch das Programm führt, schaue ich auf meine vollgekritzelte Notizbuchseite. Das ist es! Kunst, und zwar ganz radikal! In der Einkaufspassage ausziehen und somit auf den doch nur entblößenden Konsumterror aufmerksam machen. In die Mensa kacken, um sich gegen die tabuisierenden Abtrennungen von Toiletten und öffentlichen Räumen auszusprechen. Pornos mit vollständig angezogenen Menschen drehen.

Eine Geschichte darüber schreiben, dass man als Kind geschlagen wurde.

Wenn Liebe nicht wäre...

Frei nach „Es ist, was es ist" von Erich Fried

Es wäre so einfach – sagt die Faulheit
und schwingt sich in die Hängematte.
Es wäre ein Genuss – sagt der Hunger
und isst dabei wehklagend Watte.

Es wäre doch zum Heulen – sagt das Glück
und springt wie immer durch den Garten.
Es wäre ja so toll – sagt der Kummer
und heult. (Das war doch zu erwarten.)

Es wäre schon sinnvoll – sagt die Taktik
und schmiedet sogleich große Pläne.
Es wäre sehr schön – sagt die Hässlichkeit
und grinst. Und zeigt die gelben Zähne.

Es wäre annehmbar – sagt die Kühle
und zeigt keinerlei Interesse.
Es wäre kein Leben! – sagt die Liebe.
Und bekommt dafür auf die Fresse...

Blutende Blumen

Wir saßen auf meinem Balkon, tranken die zweite Runde Bier, rauchten und sprachen über Beziehungsprobleme. Ich hatte Katja Blumen geschenkt – offensichtlich die falschen.

„Und dann ist sie wütend rausgestürmt und meldet sich seitdem nicht mehr."

„Naja, ist auch verständlich."

„Wie?"

„Hortensien. Wer schenkt einer Frau denn bitte schön Hortensien?"

Robin ist der intelligenteste Mensch, den ich kenne. Er versteht die Welt, die Frauen und bestimmt auch die Relativitätstheorie. Ich nippte an meinem Bier und überlegte.

„Ich fand die einfach schön, so blau. Katja meinte irgendwann mal zu mir, sie mag die Farbe."

„Weißt du denn nicht, wofür die stehen?"

Ich schüttelte den Kopf. Robin holte tief Luft.

„Hortensien stehen für große Bewunderung, da sie sehr ausschweifende, prachtvolle Blüten entwickeln. Allerdings ist zu viel des Guten gefährlich, denn sie implizieren Einbildung und Arroganz."

„Ich wusste gar nicht, dass du ein Botaniker bist."

„Nee, das habe ich nur mal so aufgeschnappt…"

Eine Weile sprach keiner von uns. Ich nahm ab und zu einen Schluck aus der Flasche und grübelte.

Da war also der Hund begraben. Das hätte mir Katja auch sagen können.

„Was soll ich ihr dann für Blumen schenken?"

Robin schnaufte lautstark. So wie vor jedem größeren Vortrag. Schon in der Oberstufe hatte er diese Angewohnheit. Wenn Robin schnauft, dann muss man gut zuhören.

„Schenke ihr Freesien. Die stehen für Romantik, Zärtlichkeit und ehrlicher Zuneigung. Und dazu weißer Flieder, um dich nach ihrer Treue zu erkunden. Abgerundet mit einer Chrysantheme, die Blume des Schicksals und die Hoffnung auf Liebe."

Das musste ich erst mal sacken lassen. Seiner Aufzählung nach hatte ich erhebliche Defizite was Blumen anbelangte. Mir kam nur Flieder bekannt vor.

„Gibt's Freesien auch in blau?"

„Jetzt lass das mit der Farbe mal."

Vermutlich hatte er recht. Schließlich war im Moment Robin der Experte von uns beiden.

„Und was ist mit Lilien?"

„Bloß nicht! Weiße Lilien stehen für den Tod und gelbe Lilien stehen für Prahlerei und Selbstgefälligkeit. Dann kannst du ihr auch gleich Gladiolen mitbringen!"

Ich überlegt einen Moment ob ich ihn wirklich fragen sollte.

„Wofür stehen die?"

„Überheblichkeit und falscher Stolz."

Sofort meldete sich mein schlechtes Gewissen. Wie kann ich auch in dieser Welt leben, ohne die Bedeutung von Blumen zu kennen?! Doch schon ging es weiter.

„Neulich im Park ist mir einer mit Narzissen entgegengekommen. Die standen frisch in Blüte! Und die wollte er seiner Freundin mitbringen. Das endete bestimmt so, wie bei dir. Narzissen sollen vor Egoismus und Eitelkeit warnen. Oder der Typ mit der Amaryllis letztens in der Bahn – das ist erstens eine Adventsblume und zweitens Symbol für Anziehungskraft, in die nicht so viel hineininterpretiert werden sollte. Der wollte nur seinen Spaß und die Frauen fallen drauf rein! Warum denn nicht mal Primeln oder Orchideen oder von mir aus auch eine Sonnenblume! Aber nein, es müssen ja Hortensien sein – *weil die so schön blau sind!*"

Robin war sichtlich aufgebracht. Ich brauchte einige Sekunden, um zu merken, dass er mich gemeint hatte. Gerade wollte ich mich verteidigen, da fing er wieder an zu schnaufen.

„So schwierig kann das doch nicht sein! Sind wir Männer nicht mehr in der Lage, einen ordentlichen Blumenstrauß zu besorgen?! Gerbera als Zeichen für Charme und Freude am Dasein, Iris für Energie und Kreativität, oder Hyazinthen und Kornblumen – ja, beide blau! – dann kann eigentlich kaum was schief gehen. Ich wette, Katja stellt nächste Woche sicher Fingerhut in die Vase. Und da bist du selber Schuld dran!"

Langsam wurde ich wütend. Was sollte der Quatsch mit dem Fingerhut?

„Oh, weiser Robin, kläre mich auf! Was bedeutet der Fingerhut?!"

Robin schnauft wieder und wurde fast purpur.

„ER WEIST AUF EINE VERGIFTETE SEELE HIN!"

Ich knallte die leere Flasche auf den Tisch, sprang auf und schnaufte jetzt ebenfalls. So ein Müll, so eine Kacke. Ich mochte keine Blumen. Ich wollte nur nett sein. Soll sich Katja doch mit Robin verabreden, vielleicht können sie ihre Fingernägel gegenseitig lackieren und darüber lästern, dass ich keine Ahnung von der Symbolik der Blumen hatte!

So schnell wir aufbrausend wurden, so schnell war es auch wieder vorbei. Das macht den Reiz einer Männerfreundschaft aus.

„Tut mir leid, dass ich dich so blöd angemacht hab."

„Macht nichts. Aber im Ernst, woher weißt du das alles?"

„Ich hab da mal ein Buch gelesen. Keine Ahnung, wie das hieß. Es war voll spannend. Wusstest du, dass manche Pflanzen sogar Hämoglobin produzieren können?"

„Nee, echt? Blutende Blumen?"

„Kein wirkliches Blut. Die brauchen das für die Blütenbildung."

„Krass."

Ich öffnete zwei weitere Flaschen, stellte eine vor Robin und nippte an der anderen. Eine Weile schauten wir über den Balkonrand hinaus uns schwiegen.

„Wenn du eine Pflanze sein könntest, welche wärst du?"

Ich erwartete mir eine spektakuläre Antwort von Robin.

„Ich glaub, ich wäre Hanf."

„Wie?"

„Ja. Aber der männliche Teil."

„Da ist aber kein THC drin."

Endlich konnte ich auch mal was Schlaues sagen.

„Muss ja auch nicht, das putscht mich immer so auf. Da lebe ich lieber ruhig."

Ich nickte.

Möglichkeiten

weißt du eigentlich
ich träume von dir
so wirr, sicherlich
so siehts aus in mir

weißt du eigentlich
von deinen grübchen
du bist so richtig
ein kleines bübchen

weißt du eigentlich
du fehlst mir hier sehr
ich steh am fluss
du schaust hinterher

weißt du eigentlich
du bist richtig schön
und gelegentlich
möchte ich dich sehn

weißt du eigentlich
stelle ich mir vor
du bist tatsächlich
nah an meinem ohr

weißt du eigentlich
bist es immer du
ich bin lächerlich
das gebe ich zu

Der Neue

Tradition – das ist etwas Althergebrachtes. Etwas, auf das man sich verlassen kann, egal was ist oder noch kommt. Es wiegt uns in wohlige Sicherheit, lässt uns unsere eigene Identität erkennen, gibt uns ein Zuhause. Sehr viele Menschen sind stolz auf ihre Tradition.

Ein Beispiel aus meinem Alltag: In der dritten Klasse sind wir nach Potsdam gefahren. Wir – beziehungsweise unsere Lehrer – wollten den Park Sanssouci besichtigen. Es war ein heißer Junitag, unsere Brotboxen waren schon auf dem Hinweg leer und nirgends gab es eine Eisdiele. Unsere Lehrer hatten die glorreiche Idee, nicht wie üblich am Schloss Sanssouci zu beginnen und dann gemütlich zur Orangerie zu laufen, um dann an der Mühle entlang wieder zum Bus zu laufen, sondern vom Neuen Palais den kompletten Weg zum Schloss zurückzulegen (insgesamt braucht man dafür gut eine Stunde und auf dem Weg gibt es kaum Schatten) und natürlich die Treppen zu erklimmen (was nach dem schon anstrengenden Weg für Drittklässler einer Folterung glich). Oben angekommen sollten wir unseren Blick über den Park schweifen lassen als Verdienst für unseren Marsch. Bereits damals war mir der Satz „Aber für die Aussicht hat es sich echt gelohnt!" höchst zuwider. Wir ließen unsere Blicke kurz schweifen und gingen in Richtung Ausgang. Und da war er: Ein leicht mürrischer Mann im Friedrichkostüm und mit Querflöte. Er spielte ab und zu ein paar Themen aus den Querflötenkonzerten des Königs von Preußen. Ich blieb als einziger aus unserer Klasse vor ihm stehen und starrte wie gebannt auf seine Finger. Mein Lehrer schubste mich sanft zum Bus. Als wir losfuhren klebte mein Gesicht an der Scheibe. Bis zuletzt beobachtete ich den Querflötenspieler und ärgerte mich Daheim, dass ich kein Foto gemacht hatte. Ein paar Jahre später – ich war bereits in der Oberstufe – fuhren wir wieder nach Potsdam. Und auch da stand der Querflötenspieler vor dem Tor, spielte sauber, bedankte sich mit einem kleinen Nicken, wenn jemand ihm etwas Geld in seinen Beutel schmiss und war ansonsten eher still. Er schaute grimmig, wenn jemand länger vor ihm stand. An diesem Tag war es etwas kühler, der Frühling musste sich erst noch durchkämpfen. Der Mann hatte Fingerhandschuhe an, die an den Spitzen offen waren, sodass seine Finger problemlos die Flöte umschließen konnten. Doch war deutlich zu sehen, dass er fror. Ich warf ihm einen Schein in den Beutel und ging zum Bus. Auch diesmal blickte ich ihm lange nach. Auch diesmal vergaß ich das Foto. Als ich dann vor zwei Jahren nach Potsdam zog und ab da an fast täglich mit dem Bus zur Uni fuhr, nahm ich öfter die Route über den Park. Und fast immer stand er dort und spielte die Querflöte. Manchmal fuhr ich nur zu ihm, stellte mich hin, lauschte eine Weile, schmiss etwas Geld in seinen Beutel und ging dann wieder, ohne in den Park zu gehen. Er war jetzt mürrischer, spielte aber öfter eine vollständige Suite. Sein Kostüm sah mit den Jahren sehr verlebt aus, aber es passte zu der ganzen Kulisse. Er brauchte auch keine Perücke, er frisierte sein langes, graues Haar wie Friedrich. Es war perfekt und meine kleinen Besuche und die Fahrten zur Uni konnte man beinahe schon als Tradition ansehen. Seit Montag steht ein neuer Spieler vor dem Tor. Ohne Vorwarnung. Er ist freundlich, aufgedreht, sein Kostüm strahlt vor Sauberkeit und seine Perücke ist so steif, dass selbst ein Wirbelsturm dieser Frisur nichts anhaben kann.

In Preußen wäre das Hochverrat.

Vergänglichkeit einer kriminellen Tat

Der ehrenwerte Richter Lehmherr betritt den Raum. Alle Anwesenden stehen bedächtig auf und setzten sich wieder, als der Richter dies mit einer Geste gewährt.

Ein Räuspern.

„Angeklagter, Ihnen wird folgende Tat zu Last gelegt: Sie sollen am Vorabend des Osterfestes die Schneidergehilfin Johanna Tauler auf ihrem Heimweg in der Rosenthaler Gasse unflätig angesprochen haben. Als Fräulein Tauler darauf nicht reagierte und ihres Weges ziehen wollte, sollen Sie sie am Oberarm gegriffen, in die Seitenstraße gezerrt, sie schändlich angefasst und sie schließlich – um ihre Schreie zu unterbinden – erdrosselt haben. Was haben Sie zu Ihrer Verteidigung zu sagen?"

Der Angeklagte – der Tischlergeselle Balduin Jenkel – erhebt sich zitternd, seine Hände sind verkrampft.

„Ehrenwerter Richter Lehmherr, ich war zur Abendstunde vor dem Osterfest zwar nicht zu Hause, aber ich war auch nicht in der besagten Gasse, geschweige denn in deren Seitenstraße."

Ein Flüstern und Raunen geht durch die Reihen.

„Und wo waren Sie dann?"

„Spazieren, ehrenwerter Richter."

„So, spazieren?! Und wo genau, wenn ich fragen darf?"

Balduin Jenkel ist verwirrt.

„Sie dürfen mich alles fragen, ehrenwerter Richter."

Richter Lehmherr wird rot im Gesicht. Sein Ton ist rauer. Balduin erschrickt.

„Beantworten Sie die Frage!"

„Im Wäldchen nahe der Kirche St. Marien."

„Hat Sie dort jemand gesehen?"

„Das weiß ich leider nicht, ehrenwerter Richter."

Der Richter ist neugierig.

„Was soll das heißen?"

Balduin Jenkel atmet tief durch, spricht ein Stoßgebet in Gedanken und nimmt anschließend all seinen Mut zusammen.

„Sie haben gefragt, ob mich im Wäldchen jemand gesehen hat. Das kann ich leider nicht beantworten. Wie oft kam es denn schon vor, dass ein Freund mir begegnete und meinte, er hätte mich tags zuvor schon auf dem Marktplatz gesehen, ohne, dass ich es bemerkte? Es liegt ja im Bereich des Möglichen, dass dies auch am Vorabend des Osterfestes im Wäldchen passiert sei. Ich kann daher nicht sagen, ob mich jemand dort gesehen hat. Und ich will gewiss nicht lügen, ehrenwerter Richter."

Ein Augenblick Stille. Dann Gepolter.

„Was erlauben Sie sich, so mit dem hohen Gericht zu reden? Haben Sie keine Manieren?"

„O doch, darum möchte ich auch die Wahrheit sagen. Ob ich gesehen wurde, kann ich nicht sagen. Aber ich habe niemanden dort gesehen."

Der Richter ist wütend.

„Sie halten sich wohl für schlauer als das Gericht? Wenn dem so ist, warum hat man am Ort des grausigen Verbrechens Ihre Gesellenmütze gefunden?!"

Die Mütze wird vorgezeigt. Balduin Jenkel fasst noch mehr Mut.

„So eine Mütze hat in der Stadt fast jeder anständige Geselle. Warum soll diese ausgerechnet meine sein?"

„Tragen Sie denn eine Gesellenmütze."

„Aber ja, ehrenwerter Richter."

„Auch in diesem Moment?"

„Natürlich nicht!"

„Warum nicht?"

Leichtes Stocken. Balduin Jenkel fasst sich an den Kopf.

„Ich bin hier doch vor Gericht. Dort trägt man für gewöhnlich keine Kopfbedeckung. Hier nicht und nicht in der Kirche."

Balduin Jenkel ist stolz auf sein Wissen. Der Richter blickt missmutig drein. Er besieht die Mütze genauer.

„Angeklagter, Sie sind doch schlau, oder etwa nicht?"

Balduin Jenkel schmunzelt.

„Meine Mutter sagt immer, das nennt sich Bauernschläue."

Er kichert. Der Richter Lehmherr zeigt derweil auf ein Stück Stoff an der Mütze.

„Können Sie lesen, Angeklagter?"

Das Lächeln auf Balduin Jenkels Gesicht erstirbt. Er spricht sehr leise.

„Nein, ehrenwerter Richter."

„Dann können Sie mir also auch nicht verraten, was auf diesem Stück Stoff steht?"

Balduin Jenkel schüttelt mit dem Kopf. Der Richter Lehmherr zeigt den Zuschauern das Stoffstück, welches an die Gesellenmütze genäht ist. Mit blauem Faden wurden die Worte 'Eigentum Balduin Jenkel' auf den Stoff gestickt. Der ehrenwerte Richter nickt zufrieden. Tischlergeselle Balduin Jenkel ist überführt.

Der Vorhang schließt sich. Die Zuschauer applaudieren und gehen mit einem guten Gefühl aus dem Theater in die soeben angebrochene Nacht hinaus.

Ein Schritt zu weit

Die gesamte Gesellschaft hörte schlagartig auf zu trinken und zu reden. Von einem Augenblick zum anderen war es so still, dass man eine Stecknadel fallen hören konnte. Alle Blicke waren auf den bereits stark angetrunkenen Onkel Gernhard gerichtet, der nach seinem lautstarken Ausbruch nun schwankend und mit silbrigen Blick vor seinem bis zum Bersten gefüllten Weinglas stand. Die Beerdigung war schon traurig genug, jetzt diese unangenehme Situation. Alles war so absurd. Dabei hatte dieser Tag vergleichsweise gut angefangen. Alles verlief nach Plan, keiner kam zu spät. Vormittags der Trauergottesdienst, dann die eigentliche Beerdigung und nun der obligatorische Leichenschmaus im stillen Gedenken. Mit allen Verwandten und Freunden des Verstorbenen – unser Großvater Hugo. Onkel Gernhard war eigentlich nicht mit uns oder sonst wen im Raum verwandt, aber in meiner Erinnerung war er allgegenwärtig. Großvaters ältester Freund. Natürlich war er zu seiner Beerdigung eingeladen. Obwohl meine Mutter schon so etwas in der Art geahnt hatte. Onkel Gernhard war kein Kind von Traurigkeit. Er sagte immer geradeheraus, was er dachte. So auch heute. Mutter saß jetzt zusammengesunken und mit der Hand über dem Gesicht an ihrem Platz. Ich konnte nicht genau erkenne, ob sie weinte, wütend war oder gar schlief. Nach wenigen Minuten, die mir wie Monate vorkamen, lallte Onkel Gernhard wieder los:
„Was'n los? Hab' ich euch 'n Geheimnis verraten?! Das weiß doch jeder hier … er war 'n Arschloch, sein wir ma' ehrlich … „
Mein Bruder Jannik und ich liefen fast gleichzeitig los, hakten Onkel Gernhard bei uns ein und führten ihn mit sanfter Gewalt in den Garten hinaus. Dabei schwallte er uns wieder voll.
„'s doch wahr. War nicht besonders vorbildlich, euer Hugo. War nich' für seine Kinder da, für euch Enkel och nich' und seiner Frau

war er och keen besonders treuer Mann. Schöne Scheiße, hat keener von euch verdient."

„Über die Toten nur Gutes.", mahnte Jannik altklug.

„Ach, hör auf!", prustete Onkel Gernhard los, „Euch hatt's doch am allermeisten getroffen. Keener von euch oder den Flitzpiepen da drin muss hier einen auf traurig machen."

Onkel Gernhard riss sich los, stand schwankend vor uns und wirkte wie ein angeschossener Bär. Plötzlich rannte er zum Rosenbeet und übergab sich lautstark. Ich rekapitulierte das Geschehene der letzten 20 Minuten. Natürlich hatte Onkel Gernhard recht, Großvater Hugo war zeitlebens ein riesiges Arschloch gewesen. Und insgeheim waren alle froh, dass dieser Klotz an unseren Beinen jetzt unter der Erde lag. Aber so ein ehrliches Wort am Tag der Beerdigung war doch etwas zu viel. Oder bin ich zu nett für diese Familie und diese Welt?

Onkel Gernhard kam schnaufend zu uns zurück.

„Besser jetzt?", fragte ich.

„Ja, viel besser.", antwortete Onkel Gernhard. Er war so gut wie nüchtern. Wir gingen langsam und bedächtig schweigend zurück. Schließlich war das hier immer noch eine Beerdigung. Vor der Tür stockte Onkel Gernhard, drehte sich zu uns um und murmelte kaum hörbar:

„'Tschuldigung, Jungs … „

Wir nickten und traten ein. Ein Höllenlärm kam uns entgegen. Irgendwer hatte während unserer Abwesenheit die Musikanlage aufgedreht und einen Teil der Tischtafel weggeräumt, um eine Tanzfläche zu schaffen, die jetzt proppevoll war. Die Gäste waren in ausgelassener Feierstimmung, selbst die Lichtanlage warf bunte Flecken auf die Tanzenden und die Trinkenden. Etwas war passiert. Onkel Gernhard hatte die Fassade zum Bröckeln gebracht.

Wir gaben uns der Party hin, ich trank gleich drei Kurze hintereinander, Onkel Gernhard tanzte mit meinen Cousinen um die Wette und zwei Stunden später erinnerte nur noch der Trinkspruch, der den Abend prägte, an den eigentlich ernsten Hintergrund dieses Festes:

„Auf das Arschloch!"

Nichtsdestotrotz

Die eine Hand – deine Hand –
hält mich fest,
ich fühl` mich warm.
Die andere ist nicht so herzlich,
stößt mich,
als sei ich widerlich,
willst nicht,
meinen Körper in deiner Nähe.
Verwirrt schauen deine Augen,
die hübschen braunen,
in meine,
als verstündest du mich falsch,
als sei es abwegig,
dann fühl` ich mich schäbig,
verwerfe meinen Wunschtraum.
Meine zitternde Hand
zieht sich zurück;
verstehe ja deine Zweifel:
wie kann denn ich
einen Anspruch erheben,
mit dir zu leben,
bis wir sterben?
Deine Füße trampeln
fast zärtlich
auf mir herum – bis ich liege.
Dann hilfst du mir auf,
entschuldigst dich
so niedlich,
stehst unmittelbar an meiner Seite.
Mein taktloses Herz

zerspringt fast.
Dein Geruch ist berauschend,
so süßlich,
ich verlier` mich,
werde übermütig,
bis du mir – wieder – den Rücken zukehrst.

Die eine Hand - deine Hand –
greift fast nach mir;
erwarte deine Wärme,
bekomme deine kalte
Hand.

Handgeschriebener Brief

„Also findest du, ich bin kalt?"
Sie faltete den Brief zusammen. Beide saßen am dunkelbraunen Küchentisch, möglichst weit auseinander. Er klopfte nervös mit den Fingern auf die Tischplatte. Stunden hatte er für den Brief gebaucht, sieben Seiten gefüllt, jede Formulierung dreimal betrachtet und umgeschrieben. Unter keinen Umständen sollte sie die Schuldige sein. Es gab Fehler auf beiden Seiten. Er versuchte nur, das Unaussprechliche in sanfte Worte zu packen.
Sie zog die Ränder mit den Fingernägeln nach, legte das Papier sorgfältig auf den Tisch, griff nach dem Wasserglas und zog den Untersetzer näher an sich heran. Sie nahm einen Schluck, setzte das Glas ab ohne dabei seinem Blick auszuweichen, räusperte sich.
„Also findest du, ich bin kalt."
Die Wiederholung klang mehr wie eine Herausforderung. Das Radio spielte Björk. Die fesselnde Melodie von 'It's all so quiet' schwang unpassend über ihre Köpfe, Blechbläser unterstützten die gehauchten Zeilen.
When you fall in love…
Er saß da auf seinem Stuhl, blickte verlegen auf seine Hände, heulte fast - und trotzdem blieb er still. Nein, sie war nicht kalt, nicht berechnend oder gleichgültig. Es war nicht die Art, wie sie sich den Brief durchlas, immer wieder den Kopf schüttelte, die Augen zusammenkniff und doch weiterlas. Auch nicht wie sie früh das Bad abschloss, wenn er an der Tür vorbeiging, nicht das Nachfragen oder die regelmäßigen Wochenenden, die sie an völlig verschiedenen Orten verbrachtet. Auch nicht die Sorgfalt, mit der sie das Essen salzte oder die Post aus dem Briefkasten nahm und gerecht verteilte.
Sie war nicht so. Nicht so, wie er sie beschrieb. Für die lange Zeit, in der sie beide miteinander und irgendwann nur noch

nebeneinander gelebt hatten, konnte man keine richtigen oder falschen Formulierungen finden.

Sie holte tief Luft und nahm noch einen Schluck. Sie verschränkte die Arme vor der Brust.

„Auch wenn ich mich vielleicht wiederhole: Also findest du, ich bin kalt."

Er bekam kein Wort raus. Wie denn auch? Sie sah so atemberaubend schön aus, jeder Mann in seinem Freundeskreis war neidisch und stolz zugleich. Die stahlblauen Augen, das blonde Haar, die vollen Lippen. Idealzustand. Seine Mutter meinte nach dem ersten gemeinsamen Abendessen, dass sie beide sicher hübsche Kinder bekommen würden. Kinder – so ein schwieriges Thema. Sie wollte keine, sie ließ nicht mit sich reden. Jetzt war er froh, dass nur sie zwei diese Sache meistern mussten. Obwohl, so ein kleines Würmchen…

Sie trank aus. Er beobachtete ihren Hals beim Schlucken. Er liebte ihren langen, schlanken Hals, die Stelle hinter dem Ohr, der Geruch ihres Nackens. Automatisch stellte er sich vor, wie sie nackt aussah. Sie stand auf, ging in die Küche. Er hörte den Wasserhahn. Sie kam mit einem vollen Glas zurück, stellte es auf den Untersetzer und verschränkte wieder die Arme. Sie stand vor ihm, das blaue Kleid an. Ihr Gesicht war angespannt, sie taxierte ihn. Diese schöne Frau war alles andere als kalt. Er wusste, wenn er sie zu sich ziehen würde, würde sie mit ihm ins Schlafzimmer gehen und sich ins Zeug legen. Im Bett klappte es mit den beiden immer.

„Antwortest du heute noch? Sonst gehe ich duschen."

Wieder eine Herausforderung. Und wieder konnte er nicht reden. Diese komplizierte Situation war kaum noch zu erfassen. Sollte er sie jetzt beruhigen und abwarten, bis sich die Streitigkeiten von selbst erledigen? Oder muss der letzte Schritt getan werden? Er war sich sehr unsicher. Eigentlich war diese Beziehung nicht mehr zu retten. Sie hangelten sich von einem guten Moment zu anderen, dazwischen war nur Verletzung und Streit. Auch ein Indiz für ihre Leidenschaft. Er stand ebenfalls auf und machte das Radio aus. Der letzte Song (irgendwas von den Smiths) war zu viel. Die Stille war nun allgegenwärtig. All das, weil er einen Brief von Hand geschrieben hatte. Was sollte er tun? Er stand ratlos vor dem Radio und versuchte, einen klaren Gedanken zu fassen.

„Ich frage dich zum letzten Mal: *Du glaubst also, ich bin kalt?*"

Seine Antwort kam wie aus der Pistole geschossen. Er konnte das Wort nicht aufhalten.

„Ja."

Ihr Gesicht wurde aschfahl. Die Anspannung löste sich in einer gewaltigen Explosion. Sie schmiss ihr Glas auf dem Boden und schrie. Im nächsten Moment war sie schon in der Küche und kramte im Besteckkasten.

Vier Stunden später gab sie vor dem Polizisten auf dem Revier zu Protokoll, dass er gemeint hätte, sie wäre kalt.

Jetzt ist er der Kalte.

Mitte

26 Männer mögen dich

Ich möchte jetzt über ein bisher wenig beleuchtetes Phänomen reden. Nenne es die anonym-entpersonalisiert-partizipativ-rationalisierte Partnerakquise. Oder auch Onlinedating.
Alle wischen nach links oder rechts, aber keiner gibt's zu. Ich mach das jetzt auch. Das Selfie von der Spowi-Party durch den Filter gejagt und ab damit. Gleich darauf die ersten Klicks. Hey. Ich bin beliebt. Schaue mir die potenziellen Partner an. Entscheide mich dafür, mein Handy wegzulegen. Es kann nur besser werden. Tags darauf die erste Nachricht. Bin so aufgeregt, dass ich zuerst einige Freunde anrufe. Bis ich den Tipp bekomme, die Nachricht doch auch mal zu lesen. Okay.
Mister Mega Boom 3000 schreibt: „Na duuuu, wo studierstn duuuu?"
Atme kurz durch.
Schreibe: „Dort, wo man lernt, dass du nur mit einem u geschrieben wird."
Notiere in meinen Kalender: Erst lesen, dann freuen.
Sitze abends mit Lisa, einer glühenden Verehrerin des Wischens und Chattens, in der Küche.
„Schreib du doch mal wen an."
„Was soll ich da schreiben?"
„Ja, so was wie 'Hallo', 'Guten Tag', 'Was geht?', irgendwie so halt."
„Und dann?"
„Dann schreibt ihr."
„Ach."
Probiere es wenig später aus. Schreibe einem gewissen *Moritz* ein simples „Hi". Zwei Minuten später kommt die Antwort: „Hi"
Mit den eigenen Waffen geschlagen. Aber halt, so leicht gebe ich nicht auf...

„Wie geht's?", tippe ich tapfer weiter.

Moritz braucht geschlagene acht Stunden, um seinen seelischen Gemütszustand in seiner ganzen Vielschichtigkeit zu beschreiben.

„Gut. Und selbst?"

Schlage ein Thema vor, über das man wahlweise kontrovers oder leidenschaftlich diskutieren kann. Habe das Gefühl, dass *Moritz* sich gern ausdrückt.

„Was hast du denn bei der letzten Bundestagswahl gewählt?"

„Interessiere mich nicht für Politik"

„Okay."

Überlege mir noch fünf weitere Themen. *Moritz* bleibt langweilig. Schade.

Klicke mich weiter durch die Männerwüste. Jeder zweite Status beinhaltet eine Beißmetapher.

„Schreib mich nur an, ich beiße auch nicht. Oder nur wenn du es willst."

Igitt. Schüttele mich innerlich.

Wieder blinkt eine Nachricht auf.

„Hey Süße, was machst du heute noch?"

Überlege, ob ich ihm einfach ein Foto meines Terminkalenders sende. Schlage die heutige Seite auf und stelle erschrocken fest, dass ich verabredet bin. Seit 30 Minuten. Haste aus dem Haus und denke über eine plausible Ausrede nach. Hört sich schließlich nicht gerade nett an, wenn ich mich nur aufgrund der Nachfrage eines gewissen *Trüffelschnüffler* an das Treffen erinnern würde. Außerdem müsste ich dann diese Onlinedating-Sache erklären und das führt zu Diskussionen über persönliche Daten, Recht am eigenen Bild und dem ganzen NSA-Kram.

Komme nachts wieder. Schaue auf mein Handy. Drei Nachrichten, 15 Besucher und 26 Männer, die mich mögen. Will eigentlich schlafen. Bin zu neugierig und klicke auf die Nachrichten.

Leonidas87 schreibt: „Bock auf ein bissel Spaß?"

Klicke auf Löschen.

Dreamboy schreibt: „Ich finde dein Profil echt interessant und möchte den Menschen dahinter gerne kennenlernen. Habe schon einige schlechte Erfahrungen gemacht, aber ich glaube, mit dir an meiner Seite kann ich das Leben endlich wieder genießen. Melde dich doch, ich würde mich freuen. Smile. Dein Dreamboy."

Löschen.

The_Real_Mr_Grey schreibt: „Wir sind ein junges Paar, dass für ein erotisches Abenteuer -"

LÖSCHEN.

Jetzt reicht's! Deinstalliere die App. Will dann doch lieber im realen Leben von Männern gemocht werden.

Brot und Öl

Manchmal saugt mich
das Leben
wie trocken Brot
bis ins Innere
der Mitte.

Oft aber tropft
es über den
Tellerrand
auf die allzu
saubere Tischdecke.

Und noch öfter
trennt es mich
von allem
Lebendigen
wie
Öl vom Wasser.

Finstere Freunde

JORINGEL und ZIRKEL sind beste Freunde. Nicht etwa, weil sie die gleichen Hobbys pflegen, beide Hunde oder den gleichen Musikgeschmack haben, sondern weil sie etwas teilen, dass zwischen zwei Menschen eine absolute Seltenheit darstellt: ein Geheimnis.

Es ist vollkommen unwichtig, was das für ein Geheimnis ist. Wichtig ist, dass es eins ist und dass sowohl JORINGEL als auch ZIRKEL absolute Verschwiegenheit an den Tag legen, denn ein Geheimnis ist nur so lange sicher, bis einer von beiden darüber mit einem Dritten spricht. Auch wenn dieser äußerst vertrauenswürdig wirkt, kann das Geheimnis nicht mehr gewahrt werden. Und für die beiden wäre dies mehr als fatal. Denn JORINGEL und ZIRKEL haben etwas Illegales getan.

Eigentlich wollten JORINGEL und ZIRKEL keine Freunde werden. Sie mögen sich nicht so, wie es Freunde machen sollten. JORINGEL findet, ZIRKEL ist zu pedantisch. Er will immer Listen anfertigen und kann nichts Spontanes tun. ZIRKEL regt sich über JORINGEL auf, wenn er Dinge einfach so liegen lässt oder pfeifend und summend durch die Stadt läuft. Bevor diese Sache passiert ist, haben sich JORINGEL und ZIRKEL nur eins, zwei Mal gesehen. Sie wären aneinander vorbei gegangen, wenn eine gemeinsame Freundin sie nicht bekannt gemacht hätte. Beide spürten gleich, der andere ist ihnen nicht geheuer. Etwas Bedrückendes lag in der Luft, als sie sich die Hand gaben. Als würde die Welt sie vor den zukünftigen Geschehnissen warnen wollen.

Diese erste Begegnung ist jetzt fast ein Jahr her. JORINGEL und ZIRKEL haben sich eine Wohnung gemietet, weit draußen vor der Stadt. Die ungewöhnliche Wohngemeinschaft fordert von beiden viel Kraft und Nerven. Es ist nicht einfach, mit jemanden zusammenzuleben, der die persönlichen Eigenheiten des anderen weder respektiert noch toleriert. Doch es war nötig; beide müssen den anderen kontrollieren können. Wie schafft man das besser, als in einer gemeinsamen Wohnung? Natürlich haben ihre Freunde verwirrt reagiert und immer wieder gefragt, warum ausgerechnet JORINGEL und ZIRKEL zusammenziehen wollen. Ihre inbrünstige Antipathie war den Anderen nicht verborgen geblieben. Doch die Wahrung des Geheimnisses stand über alle menschlichen Widrigkeiten. Lieber mit einem verhassten Menschen in Freiheit leben, als allein in einer Zelle eingesperrt sein.

Heute haben JORINGEL und ZIRKEL gemeinsam gefrühstückt. Die zwangsmäßige Vertrautheit, die ein Zusammenleben automatisch schafft, führte zu vielen gemeinsamen Ritualen. Sie waren auch schon gemeinsam im Kino (der Film war schlecht, das Popcorn gesalzen), im Café (der Kaffee war schlecht, die Bedienung auch) und auf einem Kongress (es gab nicht mal Kaffee, das war wirklich schlecht). Und nach all diesen quasi zusammenschweißenden Erlebnissen haben JORINGEL und ZIRKEL gelernt, dass sie doch nicht so verschieden sind, wie sie anfangs dachten. JORINGEL kocht gern Marmelade, ZIRKEL isst zum Frühstück nichts anderes. ZIRKEL fährt gerne mit dem Fahrrad, JORINGEL kann kaputte Fahrradreifen reparieren. JORINGEL und ZIRKEL lieben Knoblauch auf der Pizza.

JORINGEL und ZIRKEL werden manchmal angestarrt, wenn sie durch die Stadt laufen. Sie gehen nicht Hand in Hand oder laufen ganz eng nebeneinander, aber man merkt, dass sie irgendwie zusammengehören. Irgendwann zwischen dem zweiten Wein am Abend und dem halben Brötchen am Morgen ist es dann wieder passiert. Es ist nicht schön, wenn man etwas Illegales macht. Manche bekommen da vielleicht ihren Kick; JORINGEL und ZIRKEL jedoch haben ein furchtbar schlechtes Gewissen. Und sie haben Angst.

Manchmal möchten JORINGEL und ZIRKEL das Land verlassen, dass sie so einsperrt. Irgendwie mögen sie sich ja doch. Aber warum das eigene Land verlassen?

Morgen werden JORINGEL und ZIRKEL wieder über den Roten Platz spazieren und so tun, als seien sie nur Freunde.

Symphonie eines Tauben

Die letzte Probe vor dem Konzert war für ihn immer die anstrengendste. Dauernd wurde er ermahnt und freundlich darauf hingewiesen, dass er sich falsch verhielt. Als sei er wieder der kleine Junge aus dem Hinterland Polens und nicht Piotr Karol Rybinski, der großer Konzertpianist.

Pit, so nannten ihn die Leute aus seinem Dorf. Er war bekannt wie ein bunter Hund. Sein Onkel betrieb eine heruntergekommene Spelunke, die gerade mal so viel abwarf, dass er sich ein gebrauchtes Klavier in seine Wohnung stellen konnte. Pit fuhr fast jeden Tag zu ihm und spielte wie verrückt; zur großen Freude seines Onkels, dem Pits Begabung nicht verborgen blieb. Da saß dieser kleine Kerl, nicht mal sechs Jahre alt, mit dreckigen Ohren und viel zu weiten Hosen und spielte Mozart, als wäre das die einfachste Sache der Welt. Nach einiger Zeit gab sein Onkel ihm zwei neue Notenhefte. Eins mit Werken von Brahms, Dvořák und Strauss; und ein völlig leeres Heft. Nur Notenzeilen. Pit sollte die Stücke lernen. Immer wenn er eines der neuen Stücke gut beherrschte, organisierte sein Onkel ein kleines Konzert in seiner Spelunke. Die Dorfbewohner kamen in Scharen, um den kleinen Meister zu bewundern. So erzählte es jedenfalls sein Onkel. In Wirklichkeit gab es dann auch immer Wodka frei Haus.

Nachdem Pit jedes Stück gespielt hatte, ermutigte sein Onkel ihn, es doch mal mit dem Komponieren zu versuchen. *Die Melodie ist in deinem Kopf. Lass sie raus. Versuch es doch.* Der Onkel war unermüdlich. Eines Tages nahm Pit das leere Notenheft und schrieb in einem ziemlichen Wirrwarr Noten auf. Es machte ihm Freude, die einzelnen Noten farbig zu malen und mit all den vielen Punkten, Pausen und Fähnchen eine kleine Bildergeschichte zu erschaffen. Der Onkel war sehr skeptisch, doch als sich Pit an das Klavier setzte und spielte, war jeder Zweifel ausradiert: der Junge kann spielen!

Dann veränderte sich alles. Pit erlitt – ohne ersichtlichen Grund – einen schweren Hörsturz. Innerhalb von zwei Tagen war er auf beiden Ohren taub. Sein Onkel war geschockt. Wer sollte denn jetzt den Auftritt nächsten Freitag übernehmen? Die Mutter machte dem Onkel riesige Vorwürfe, er würde ihren kleinen Jungen nur ausbeuten und dumme Flausen in den Kopf setzen. Der Onkel schrie zurück, dass man mit solch einem Talent eine Chance auf ein richtiges Leben hat, worauf die Mutter ihm die Frage stellte, ob sie denn kein richtiges Leben habe. Am Ende beschmissen sich beide mit Geschirr und fluchten wie die Kesselflicker. Pit bekam von alldem nichts mit. Er saß auf der Wiese hinter dem Haus und malte seine Notenbildergeschichten. Eigentlich brauchte er keine Musik, um zu erklären, was er dachte. Das Klavier war nur Mittel zum Zweck. Natürlich begriff er auch irgendwann, dass die Menschen vor allem des Wodkas wegen zu seinen Konzertabenden kamen. Aber was war so schlimm daran? Sie tranken eh alle, dann kann man nebenbei ebenso gut auch schöne Musik spielen. Pit malte seine Bildergeschichten und setzte sich ans Klavier. Er spielte. Ohne einen Ton zu hören. Er spielte Melodien, die in seinem Kopf waren. Bekannt, neu, egal. Mutter und Onkel hörten sofort auf zu streiten. Sie lauschten. Es war magisch.

Für die nächsten Konzerte nahm der Onkel Eintritt. Ein kleiner Junge am Klavier, das war ungewöhnlich. Ein kleiner *tauber* Junge am Klavier war eine Sensation! Die Leute waren von dem Wunderkind verzaubert. Sie vergaßen sogar, ihren Wodka zu trinken. Dann ging alles sehr schnell. Die ersten Journalisten waren eher zufällig in der Gegend und hörten von Pit und seinem außerordentlichen Talent. Bald kamen sie nur noch seinetwegen. Der taube Junge am Klavier. Bewunderung und Mitleid zugleich. So spielte er sich in die Herzen von Millionen. Ein Plattenvertrag, ein Stipendium am Klavier-Institut in Basel, mit fünfzehn war er berühmt und führte tatsächlich ein richtiges Leben.

Was dann geschah, hätte man vielleicht Glück, göttliche Fügung oder Schicksal nennen können, doch für Pit, der jetzt in der Öffentlichkeit auf seinen vollen Namen bestand, war es eine Katastrophe. Er wachte eines Tages durch ein lautes Geräusch auf der Straße vor seinem neuen Haus in Wien auf. Im ersten Moment kam ihm nichts daran ungewöhnlich vor. Als sein Hund ihn zur Begrüßung leise anbellte, überlegte Pit angestrengt. Sein wann bellt Leo so laut? Von einer Sekunde zur anderen lief es Pit wie Schauer den Rücken herunter: Leo bellt immer – er hat es diesmal nur *gehört*. Zwei Stunden später saß er bei seinem Arzt und ließ sich untersuchen. Ein Wunder, meinte er, völlig geheilt. Wieder zu Hause kontaktierte er sofort seine Mitarbeiter und Manager. Er wollte telefonieren, doch ihm fiel ein, dass er durch seine Taubheit nie eine andere Sprache als Polnisch gelernt hatte. Gut, er konnte beinahe fließend Deutsch und Englisch schreiben, aber wie werden diese Worte denn nur ausgesprochen? Er schrieb Mails, wie immer. Am Abend fand in seinem Haus ein Krisenstab statt. Er verwirrte ihn, all diese Menschen plötzlich zu hören, ganz ohne dass er sie verstand. Er bat darum, dass sie weiterhin Gebärdensprache sprechen sollten. Er verstünde kaum ein Wort. Jetzt war eine Barriere verschwunden und eine neue türmte sich auf. Pit hatte schreckliche Angst. Ein hörender Pianist, das war doch nichts Besonderes.

Alle Anwesenden waren sich einig: Die Sache musste unter Verschluss bleiben. Eine Karriere – die von Pit – und verdammt viel Geld hingen davon ab. Pit sollte den tauben Pianisten von nun an spielen. Eine andere Möglichkeit sah man nicht. Alle anstehenden Termine wurden abgesagt, der Weltöffentlichkeit sagte man, dass sich der große Piotr Karol Rybinski für einige Zeit aus dem Musikgeschäft zurückzieht. Von nun an bestimmte Training Pits Leben. Er musste Sprachen sprechen lernen, seine eigenen Werke begreifen und vor allem so tun, als würde alles so sein wie zuvor. Es gab jetzt auch ein Stammorchester, mit dem er auf Tour gehen sollte. Sie waren alle eingeweiht und zu absoluter Verschwiegenheit verpflichtet. Anfänglich gab es einige Probleme, doch Pit war ein Profi und studierte die Rolle ein. Er gelang nach jahrelangen „Proben" zur Perfektion.

Jetzt, mit fast 55 Jahren, musste kein einfacher Hornist ihm seine Aufgaben erklären. Er wusste, dass er auf keinerlei Geräusche während des Konzerts reagieren sollte. Es sollte ihm doch wohl erlaubt sein, ärgerte er sich in der Maske, dass er einer Violinistin Gesundheit wünschen darf, wenn sie in der Probe niest. *Und sei es auch die Generalprobe!*

Piotr Karol Rybinski betrat die Bühne. Er hörte den tosenden Applaus und ihm zersprang das Herz. So viele Menschen machen so unendlich viel Lärm, dass er sich wünschte, wieder in der Spelunke seines Onkels zu spielen. Da gäbe es wenigstens ordentlichen Wodka.

Ein ganzer Tag

So lange hat es gedauert,
bis ich bemerkte,
ich bin wieder einen Tag
älter.

Ich bin ein taktloser Mensch. Nicht in dem Sinne, dass ich an den falschen Stellen unpassende Fragen stelle oder themenfremde Kommentare von mir gebe. Ich komme mit dem Tempo, welches meine Umwelt mir vorgibt, einfach nicht klar. Morgens fängt das schon an. Mein Wecker klingelt zu einer unmenschlichen Zeit. (Ich glaube, er hat sich mit all den anderen Taktgebern abgesprochen.)

[Tick, tack, tick, tack]

Ich bin in meiner perfekten, zeitlosen Traumwelt – plötzlich wirft mich ein Klingeln in die Realität und der erste Blick auf die Uhr lässt mich erkennen: Ich bin zurück. Ein ganzer Tag liegt vor mir. (Manchmal habe ich Angst, ich überlebe das nicht.)

[Tick, tack, tick, tack]

Die Bushaltestelle direkt vor meiner Haustür verführt mich zum Trödeln. Nur noch vier Minuten fürs Stullen schmieren, Kaffee trinken, Zähne putzen. (Minze mit Koffein schmeckt wie Hühnchen mit Apfelmus.)

[Tick, tick, tick, tick, tick, tick, tick, tick, tick]

Entschleunigung ist das Zauberwort. Wie in einer riesigen Seifenblase leben, die Geräusche dumpf wahrnehmen, keiner stößt mich an. Manchmal, wenn es in unserem Einkaufszentrum besonders voll ist, bleibe ich inmitten der Massen stehen. (Atmen.)

[…]

Mich stört diese permanente Hektik. Als wären wir alle in einem riesigen Wartesaal. Dauernd starrt jemand auf die Uhr, rechnet zusammen, wie viele Bahnen er schon verpasst hat, wie viele Ampelphasen vorüber gehen, wie viele Nachrichten auf der Mailbox wohl sind. Die Menschen fragen nicht mehr danach, ob sie sich treffen können oder wollen. Nein, sie fragen, ob man Zeit hat. Ob die Möglichkeit besteht, soziale Kontakte zwischen Geschäftsessen, Besprechungen und Vertragsverhandlungen zu pflegen. Freundschaft to go. Anders kann man es nicht mehr in seinem Leben unterbringen. Das Metronom unserer Gesellschaft schlägt im Alla-breve-Takt. (Möglichst schnell und kurz.)

[ticktacktickтacktickтacktickтacktickтacktickтacktickтacktickтacktick]

Ich bin leider nicht musikalisch, ich habe kein Rhythmusgefühl. Ich habe nicht mal eine innere Uhr. Die Zeit spielt mir oft Streiche. Eine Stunde rast so schnell vorbei, als sei es eine Minute, die darauffolgende zieht sich beinahe über Jahre hin. Wie kann ich angesichts dessen ein Gefühl für Zeit entwickeln? Wonach soll ich mich richten? (Ich bin ein Nachtmensch.)

[Tick, tack]

Mein Leben kann nicht in einzelne Tage zerstückelt und zerrissen werden. Die Struktur ist fließend, manchmal kann ich bestimmte

Zeiträume gar nicht abgrenzen. Eine Situation bedingt nicht die andere, ich bin auch so ein Mensch. Nun wird mir immer häufiger aufgetragen, meine Erlebnisse genau zu datieren und zu katalogisieren. (Wer bin ich, die Unordnung in ein Schema einordnen zu können.)

[Tick, tack, tick, tack]

Einen Takt jedoch liebe ich sehr. Weil er sich wandelt, je nach meiner Verfassung und weil er meinem Leben einen Sinn verleiht. Ich höre die Schläge, doch sie sind wundervoll unauffällig leise.Ich spüre das Metronom, es sitzt in meiner Brust, es stellt sich nicht nur in Notzeiten auf das richtige Tempo ein. In einem Artikel über die menschliche Herzfrequenz habe ich gelesen, dass man nur eine bestimmte Anzahl an Herzschläge im Leben zur Verfügung hat. Daher möchte ich Stress möglichst vermeiden, mich ganz entziehen, in Ruhe gelassen werden. (Und dann verbringe ich einen ganzen Tag mit dir und ich weiß, dass es mich Jahre kosten wird.)

[Bumm, bumm, bumm, bumm]

Teilung

Wir teilen unser Leben auf:

Du einen Teller.
Ich einen Teller.
Du eine Gabel.
Ich eine Gabel.
Du ein Kissen.
Ich ein Kissen.

Alles muss gerecht sein.
Niemand darf am Ende sagen,
er oder sie
wurde nicht bedacht.

Du ein bisschen davon.
Ich ein wenig hiervon.
Wir teilen unser Leben auf.

Unser kleinster gemeinsamer Teiler?

Wir haben nichts mehr gemeinsam.

Neu/Alt

Es war noch ganz neu gewesen,
ohne Kratzer und ohne Staub,
ohne Flügel, ohne Beine,
keine Ohren, furchtbar taub.

Es war noch ganz stumm gewesen,
keine Stimme, nichts zu sagen,
ohne Hände, kaum gehalten,
nichts zu nehmen, nichts zu fragen.

Es war noch ganz klein gewesen,
nicht mal größer, als deine Hand,
kaum geatmet, nichts gegessen,
nichts gesehen, nichts gekannt.

Es war noch ganz hübsch gewesen,
nichts war schmutzig und nichts war faul,
ohne Falten und ohne Risse,
nichts war hässlich und nichts war grau.

Es war ganz kaputt gewesen,
übersäht mit hundert Wunden.
Es war weg, das alte Kaputte.
Du hast was Neues gefunden.

Samtene Lippen

So sehr er es auch genoss, sie neben sich liegen zu sehen, wenn er erwachte; sie roch fürchterlich am frühen Morgen. Klar, wenn man in der Nacht schwitzt. Und selbst nach drei Stunden Zähne putzen riecht man morgens nicht gut aus dem Mund. Aber sie trieb es auf die Spitze. Sie konnte nicht mal was dafür. Jeder Mensch hat einen bestimmten Geruch an sich. Es ist bewiesen, dass der Spruch „Sich nicht riechen können" nicht nur eine Floskel ist. Menschen suchen sich instinktiv den für sie gut riechenden Menschen aus. Wir gehen der Nase nach. Das ist Evolutionsbiologie. Wir riechen auch an unserem Essen, um zu erkunden, ob es genießbar ist. Das machen Tiere auch. Ein Löwe isst keine halb verweste Antilope. Er weiß vielleicht nicht, dass er dadurch krank wird, aber er findet den Geruch abstoßend. Nach diesem Maßstab muss er sich keine Sorgen machen, falls es beide einmal in die Savanne verschlägt und sie morgens in der Steppe aufwachen. Kein Tier wird sich in die Nähe seiner Freundin wagen. Der erste Überlebenstipp in der Welt: Stinke, oder habe jemanden dabei, der stinkt. Und halte dich von Aasfressern fern. Die ekeln sich vor nichts.

Er lag wach im Bett, sog ihren markanten Duft ein und schwor sich, nie wieder mit Schnupfen auf eine Party zu gehen. Dabei war sie sehr angenehm. Sie war klug und hübsch, zahlte ihre Drinks selbst, lud ihn eine Woche später zu sich ein. Und ihr Parfüm war ein Gedicht. Nicht zu blumig, nicht zu aufdringlich. Ein Hauch ihres Shampoos konnte er ebenfalls wahrnehmen. Auch nachdem seine Erkältung abgeklungen war, roch sie nicht unangenehm oder gar schlecht. Er fühlte sich zu ihr hingezogen, ganz egal, ob es jetzt an den Düften oder an ihren ausgeschnittenen Oberteilen lag. Aber nach der ersten gemeinsamen Nacht kam der Schock: früh erwachte er und roch sie. Oder vielmehr das Aas, in das sie sich zeitweilig verwandelte, wenn alle schliefen.

Daran musst du dich gewöhnen, sagte sie lächelnd und öffnete das Fenster. Es war ja auch nicht so wild. Sie roch halt, und er roch sicher ebenfalls. Die Nächte waren schließlich heiß. Keiner konnte verlangen, dass man alle paar Stunden aufsteht und kurz unter die Dusche springt. Nachdem sie im Bad war, war die Welt auch wieder in Ordnung und sie war wieder seine perfekte Freundin. Vor seinen Freunden konnte er damit nicht anfangen. Ihm war die Sache sehr peinlich. Außerdem gibt niemand gerne zu, dass auch seine Freundin morgens nicht ganz so in die Traumwelt passt, die sie sich vorstellen. Sie hingegen nahm es locker. Sie amüsierte sich auf einem Jahrmarkt köstlich über ein Furzkissen, welches sie beim Dosenwerfen gewonnen hatte. *Jetzt kannst du morgens sogar passende Geräusche machen*, gackerte sie über ihre Zuckerwatte.

Eine gute Sache allerdings konnte er seiner Situation abgewinnen: Noch nie war er in einer Beziehung so mit einem Menschen verbunden, wie er es jetzt mit ihr war. Sie sprachen offen über dieses Thema, wie über jedes andere Thema auch. Sie rissen Witze. Nach und nach wurde er locker, war nicht mehr so verklemmt, wie anfangs. Sah über diesen kleinen Makel seiner sonst wundervollen Freundin hinweg. Was soll man auch machen, wenn man einen Menschen liebt?

Heute Morgen war es wieder besonders schlimm. Bei einer nächtlichen Durchschnittstemperatur von 25 Grad kein Wunder. Trotzdem fiel es ihm auf. Und obwohl er sich bereits daran gewöhnt hatte, – sie schlief jetzt fast immer bei ihm – musste er kurz husten. Sie erwachte etwa fünf Minuten nach ihm, drehte sich verschlafen zu ihm um, holte tief Luft und schaute ihn dann lange an. Er schaute zurück.

Du, ich lieb dich, aber heute riechst du echt nicht gut.

Er brauchte einen Moment, bis er begriff, dass sie gesprochen hatte und dass sie ihn gemeint hatte.

Wie meinst du das jetzt?

Er war verdutzt, regelrecht beleidigt.

Naja, du stinkst halt ein bisschen.

Er nahm einen kräftigen Zug und …

Nach drei Stunden erwachte er im Krankenhaus. Seine Freundin saß am Bettrand. Sie war völlig aufgelöst.

So geht das nicht weiter!

Er nickte, nahm einen kräftigen Zug ihres Geruchs und küsste sie. Sie hatte alles, was er sich je gewünscht hatte. Und am Ende war nicht der Geruch das Problem, sagte er zumindest, als er seinen Freunden von der Trennung berichtete.

Sie hatte zu raue Lippen.

Sensibilität und Selbstlosigkeit

Ein Widerspruch:

Gelingt es mir, mich selbstlos
in die Schlacht zu werfen,
wird mein sensibler Körper
von allen Waffen durchbohrt.

Gehe ich davon aus,
dass andere sich aufopfern,
schützt mich mein Panzer
in der letzten Reihe.

Aktion Albatros

Er fand den Brief auf der Türschwelle. Der Klassiker. Es klingelte, er machte auf, niemand war da. Nur der Umschlag. Er schaute die Treppe hinunter. Nichts. Er nahm den Brief mit in die Wohnung. Zuerst wollte er die Polizei rufen, doch dann verwarf er den Gedanken einer Briefbombe. Es war nur ein Umschlag, darin nur ein Zettel, das konnte er im Gegenlicht erkennen. Er überlegte, wer alles die Adresse kannte. Viele seiner Freunde, seine Eltern sowieso. Sie waren nicht begeistert gewesen, dass er dort eingezogen war. Dass er bei *ihr* eingezogen war. Sie kannten sich erst seit einem knappen Jahr. Nach vier Monaten machte sie ihm einen Antrag. Ungewöhnlich, aber bei den beiden war vieles anders. Nächsten Sommer wollten sie heiraten.
Er drehte und wendete den Brief. Vielleicht war er ja gar nicht für ihn bestimmt. Es nützte nichts, er musste ihn aufmachen. Falls ihr Name auf dem Zettel stand, würde er schon nicht weiterlesen. Vertrauen in einer Beziehung ist das Wichtigste. Er öffnete den Umschlag, entfaltete das Papier und erkannte sofort die unsaubere, dünne Handschrift. Der Brief war eindeutig an ihn gerichtet. Beinahe automatisch schaute er auf die Uhr. Seine Verlobte musste noch drei Stunden arbeiten. Er setzte sich im Wohnzimmer auf das neue Sofa und begann zu lesen.

Hallo Lieber T.,
wie lange ist es her, dass ich dir zuletzt einen Brief geschrieben habe? Nach meiner Rechnung müsste das fast zehn Jahre sein. Es ist schön, dass wir jetzt wieder Kontakt haben. Du wunderst dich sicher, warum ich dich dann nicht einfach anrufe oder wir nicht auf ein Bier verabredet sind. Die Sache ist einfach: Ich möchte, dass du dir jedes Wort ganz genau durchliest, dir Gedanken darüber machst und erst dann urteilst. Du bist ein impulsiver

Mensch, also muss man möglichst entkrampft mit dir kommunizieren. Das habe ich in all den Jahren gelernt. Was ich dir jetzt mitteilen werde, hat mich viel Kraft und Überwindung gekostet. Du bist mir immer ein Freund gewesen, wenn nicht sogar mein bester. Weil ich weiß, dass alle anderen zwar ebenso darüber denken, dir aber nichts davon sagen, weil sie dich für erwachsen genug halten oder dich nicht verletzten wollen und weil du so verdammt stur sein kannst, sehe ich mich nun gezwungen, dir diese Zeilen zu schicken.

Ich kenne dich. Du bist ein leidenschaftlicher, herzlicher und gefühlsbetonter Mensch, der sich, wie alle, nur nach Nähe und Geborgenheit sehnt. Du gibst alles für andere, auch wenn sie dich wie Dreck behandeln. Du bist naiv, ehrlich und loyal. Das ist alles sehr lobenswert. Dafür kann man dich nur lieben. Und dafür kann man dich nur belächeln. Denn du machst hier womöglich den größten und dümmsten Fehler deines Lebens. Und du wirst dafür bezahlen, im übertragenen *und* im wörtlichen Sinne.

Sich zu verlieben ist schön und gut, sich die Treue zu schwören ebenfalls. Doch du weißt so gut wie ich, dass du Liebe allzu oft mit rein körperlichem Interesse verwechselst und nicht selten die eine Frau durch die nächste ersetzt hast, ohne gründlich durchzuatmen. Du kannst nicht allein sein. Das geht vielen Menschen so, ironischerweise bist du damit nicht allein. Genau in solchen Situationen machen Menschen Dummheiten. Diese Sache, die du vorhast, ist eine solche verzweifelte, irrationale und destruktive Dummheit.

Du sagst, du hast die Frau fürs Leben gefunden. Sei ehrlich, wie oft hast du das jetzt schon behauptet? Falls du eine Katze wärst, hättest du noch vier Versuche. Ich erinnere mich aber weder an Barthaare, noch an Fell oder spitze Ohren. Unter uns, auch ich war einst die Frau für dein Leben. Gestorben bist du nach unserer Trennung jedoch nicht.

Versteh mich bitte nicht falsch. Ich möchte deinem Glück nicht im Weg stehen und ich möchte dich vor allem nicht zurückgewinnen. Ich möchte nur ehrlich sein, auch weil es sonst kein anderer macht. Vielleicht ist das falsch von mir und ich sollte diese „Aktion Albatros" wahrscheinlich abblasen. Doch dann fällt mir dein fragiles Wesen wieder ein, deine missglückten Versuche, dich an einen Menschen zu binden und dein gebrochenes Herz, dass nie die Chance bekam, von allein zu heilen. Noch eine schmerzhafte Trennung verkraftest du nicht. Von einer Scheidung ganz zu schweigen.

Du kannst von mir aus so oft und so viel heiraten, wie du willst, aber tue es nicht, weil du den anderen etwas beweisen willst. Wir haben alle deine Eskapaden ausgehalten und dich, wenn es nötig war, immer wieder aufgefangen. Doch so stark ist unser Sicherheitsnetz nicht. Denke über all das hier, was du willst. Schrei mich an, wenn es dir hilft, deine Wut auf mich zu projizieren. Meinetwegen rede schlecht über mich. Aber tue bloß nicht das, was du immer tust. Das ist der einzige Rat, den ich dir jetzt geben kann.

Deine A.

Er knüllte das Papier zusammen, schmiss es durch das Zimmer und stand wütend auf. Wenige Minuten später suchte er es und entfaltete es sorgfältig. Er las es gefühlte hundert Mal. Er lachte und spottete, dann schrie er und spuckte auf das Papier, dann war er angeekelt, dann weinte er, dann begann alles von vorne. Er war drauf und dran das Papier zu verbrennen, eine kleine Ecke war schon verkohlt, dann drückte er sie aus. Er zerknüllte und entfaltete es wieder und wieder. Eines jedoch tat er nicht. Er zerriss das Papier nicht. Wenige Minuten bevor seine Verlobte nach Hause kam beschloss er, den Brief möglichst weit weg zu packen und ihr nichts davon zu erzählen. Es hätte ihr zu sehr wehgetan.

Heute liegt der Brief immer noch in der kleinen Schachtel, gut versteckt auf dem Dachboden. Seine Söhne durften dort oben nicht spielen. Das ist sein Hobbyraum. Manchmal, wenn es Streit mit seiner Frau gibt – und sie streiten sich oft – , holt er das Papier heraus. Es ist schon vergilbt und die Schrift verblasst allmählich. Er liest die Zeilen und erinnert sich genau an das Gefühl, als der Umschlag vor seiner Tür lag. Den Trotz, den er empfand und den Anruf, der wenige Tage danach geführt wurde. Er hatte getobt und war gemein gewesen. Er fühlte sich persönlich angegriffen. Sie hatte doch auch geheiratet, viel früher schon. Warum redete sie denn jetzt seine Entscheidung schlecht? Eine Stimme in ihm rebellierte. Alle waren dagegen? Dann war er umso mehr dafür. Heute liest er die Zeilen wieder. Heute hat er nur noch einen Gedanken.

Du hattest ja so recht.

Dort

Da, wo ein Acker mir gehörte,
dort, wo ich mir ein Schwert schnitzte
aus einem morschen Brett.
Der Fleck Erde, auf dem ich ging,
dort, wo ich gerne war,
da, wo mein Hase Junge bekam
und ich alle behalten durfte.
Dort bin ich gewesen,
in dem Garten, in dem mein Baum wuchs
und jeden Sommer Kirschen trug,
da, wo ich spucken lernte,
dort, wo meine Haare zerzaust waren vom Wind.
Dort bin ich gewesen,
da, wo ich Verse an die Wand schrieb,
dort, wo ich eine weiße Mauer baute
und den schönsten Schneemann im Ort.
Das Haus, in dem ich so klein war,
dort, wo ein schmaler Bach floss,
da, wo ich die Zeit vergaß
und zu spät zum Mittagessen kam,
dort, wo ich meinen ersten Kuss bekam
und meine erste Träne weinte.
Dort bin ich gewesen.

Der Laden in der Stadt

In der Stadt gibt es einen Laden, der deinen Namen trägt. Bevor ich dich kannte, ist mir der Laden nie aufgefallen. Jetzt sehe ich ihn schon von weitem, wenn ich nahezu täglich im Bus vorbeifahre. Man könnte sagen, das Verhältnis zu diesem Laden spiegelt unsere Geschichte wider.

Ein paar Tage nach unserer ersten Begegnung stand ich vor dem Laden und betrachtete das Schaufenster. Die Fassade des Einrichtungsateliers – so viel hatte ich schon herausgefunden – wirkte alt und schlicht. Die Ausstellungsstücke sagten nicht viel aus. Ich konnte mir allein anhand des Schaufensters kein Bild machen. Aber es weckte meine Neugier.

Tags darauf ging ich hinein. Ich war eigentlich in Eile und musste noch so viele Dinge erledigen. Doch es zog mich in den Laden, ich kann kaum noch sagen, warum. Es roch nach Möbelpolitur und draußen regnete es. Im Laden konnte man die Geräusche der hektischen Straße gar nicht hören. Im Grunde hörte man nichts mehr, nur sich selbst. Mich hat das so erschrocken, dass ich, ohne die nette Inhaberin auch nur zu grüßen, wieder hinausgestürmt bin.

Am Abend fuhr ich wieder vorbei. Diesmal war ich mit dem Fahrrad unterwegs. Ich hätte auch angehalten, wenn nicht jeder Fahrradständer besetzt gewesen wäre. Ich war ein wenig enttäuscht. Aber vielleicht ja morgen.

Ich habe dann doch drei Tage gewartet, bis ich wieder in den Laden gegangen bin. Ich wollte ganz sicher gehen, dass die Inhaberin mich nicht sofort erkennt. Mit Sonnenschein im

Rücken stand ich vor der Tür, drückte die Klinke hinunter. Der Geruch stieg mir in die Nase, diesmal ein Mix aus bewährter Politur, Blumen und einem Unisexparfüm. Ich sah mich um, obwohl ich gar nichts brauchte. Irgendwie gefiel mir die Vorstellung, dass ich hier mein neues Zimmer planen könnte. Eine Tafel vor dem Laden lockte mit dem Spruch „Wir polstern auch für Sie!" und ich überlegte kurz. Der braune Stuhl in der Küche könnte eine Schönheitskur vertragen. Ich fragte die Inhaberin nach dem Preis und weil sie mir einen Studierendenrabatt anbot, kümmerte es mich nicht mehr, dass sie mich so komisch ansah.

Am Sonntag packte ich den Küchenstuhl in Folie ein, um ihn vor dem Regen zu schützen. Ich war deprimiert, dass an diesem Tag der Laden geschlossen hatte. Ich halte nichts von Vorfreude.

Am nächsten Tag war ich der erste Kunde und gab ganz aufgeregt den Stuhl ab. Die Inhaberin nahm ihn sanft entgegen. Sie sagte mir, dass es gut eine Woche dauert. Aber das Ergebnis lohne sich. Ich glaubte ihr.

Fast zehn Tage habe ich nichts von ihr gehört. Jeden Tag aufs Neue sah ich die Buchstaben des Ladenschildes, die deinen Namen formen. Jeden Tag wurde ich wütender. Warum tut man mir das an?

Der Anruf erreichte mich zum denkbar ungünstigsten Zeitpunkt. Mitten in der Vorlesung stürmte ich heraus, als ich die Nummer auf dem Display sah. Mein Herz raste wie wild. Ich machte mich gleich auf den Weg und holte meinen Stuhl ab. Er war wunderschön. Die Inhaberin drückte nochmals den Preis runter und erklärte mir, dass es so lange gedauert hat, weil der Stuhl doch kaputter war, als gedacht. Es war in Ordnung, jetzt konnte nichts mehr schief gehen.

Ich war glücklich. Leider riss der neue Stoff schon nach einem Monat. Ich gab mir selbst die Schuld. Vielleicht war ich zu lasch bei der Pflege. Dann beschwerte ich mich im Laden bei der Inhaberin. Sie entschuldigte sich nicht. Sie hat nicht mal mehr gewusst, wer ich war.

Gestern habe ich nachts Eier an das Schaufenster geworfen und mir geschworen, dass ich nie wieder etwas mit diesem Laden zu tun haben werde.

Gebeugte Ampeln

In einem Wohnblock sitzt Tochel am Fenster und starrt zum Block gegenüber. Siebenmal Vierundzwanzig Fenster, plus Sieben mal Sechs Fenster für den Hausflur.

Zweihundertzehn Bullaugen zum Weltenmeer hinaus.

Rechnet man nun für jeden Eingang drei Zimmer pro Etage, so ergibt das Einhundertsechsundzwanzig Geschichten.

Und Tochel hat alle im Blick.

Der Block ist zu weit weg, als dass er jede Einzelheit erkennen kann, doch ihm macht das nichts aus. Die Vorstellung reicht. In seinem Kopf komplettieren sich die Ereignisse zu scheinwahren Begebenheiten. Ein Licht geht in Nummer Drei an, vierte Etage. Die junge Frau macht hintereinander drei Lampen an. Auch wenn sie am Ende nur im mittleren Zimmer bleibt, sie schaltet die anderen Lampen erst gegen Mitternacht aus. Tochel weiß – oder glaubt zumindest –, dass sie Angst im Dunkeln hat.

Die Familie ganz unten in Nummer Eins schläft längst, oben drüber läuft noch der Fernseher. Entweder ist der alte Mann wieder eingeschlafen, oder endlich an einem Herzleiden bei der letzten Sportübertragung verstorben. Tochel vermutet, dass die viel zu früh beendete Leistungssportlerkarriere ihm das Herz brach.

Im letzten Haus ganz oben öffnet der Student die Fenster. Lauschiges Licht fällt auf den schmutzigen, verwilderten Innenhof. Man sieht ein Glühen vor seinem Gesicht. Tochel greift instinktiv nach seiner Schachtel und steckt sich eine Zigarette an. Sein Fenster bleibt zu. Er raucht in der Wohnung. Beide verbindet der Geschmack von zusatzstofffreiem Tabak.

Seine Nachbarn vom Nebeneingang feiern seit vier Stunden. Einer der Bewohner hat Geburtstag. Die drei Jungs sitzen mit ein paar Freunden in der Küche und trinken bereits den zweiten Kasten Bier. Aus der Überraschungsparty ist nicht viel geworden.

In der obersten Etage ist mittig in Küche und Bad das Licht angegangen. Die junge Frau – Tochel vermutet, sie arbeitet als Stewardess – duscht immer nachts und macht sich dann noch eine Kleinigkeit. Ein gemütlicher Mitternachtssnack. Tochel greift in die Keksdose, die auf dem Tisch neben ihm steht. Manchmal wünscht er sich ein Fernglas. Die junge Frau hat sicher blonde Haare und macht die Vorhänge beim Duschen nicht zu.

Manchmal geht im linken Keller das Licht an. Grelles Halogenlampenweiß. Tochel stellt sich einen Hobbykeller mit Holzwerkzeugen vor, oder eine Folterkammer.

Sofort friert es Tochel und er steckt sich noch eine Zigarette an. Bei den Jungs ist langsam Schluss. Das Geburtstagskind räumt die Flaschen weg. Bald wird das Licht ausgeknipst.

So geht es langsam auch in den anderen Wohnungen. Es wird dunkel im Hof und bei Tochel. Die gelb blinkende Ampel rechts neben den Wohnblöcken zeigt ihr kaum wahrnehmbares SOS. Tochel hat es längst schon entschlüsselt. Als er sich sicher ist, dass nirgendwo mehr Licht brennt, schaltet er die Lampe auf dem Schreibtisch ein.

Tochel hat Angst im Dunkeln.

Reduzieren

Dass der Himmel runterfällt,
da grauts mir fast jeden Tag.
Dass den Kuchen, den ich mag,
kein Konditor mehr herstellt.

Dass kein Stein auf Wasser springt,
niemand tolle Filme dreht,
keiner mehr in den Park geht,
dass nie mehr Musik erklingt,

da grauts mir. Und noch mehr,
dass es nichts Grünes mehr gibt,
weil nur das dir steht – kein Rot.

Vor all dem grauts mir so sehr,
wenn das geht, was nahe liegt,
da grauts mir – doch nicht vorm Tod!

Schmerzensgrenzen

Weiter lasse ich dich nicht kommen. So nah, so erdrückend bekannt. Hier ziehe ich den Strich, hebe meinen Graben aus, stecke das Gebiet ab – hier nur noch Passkontrollen. Woher nahmst du die Kraft und Unverfrorenheit, deinen Fuß auf mein Land zu setzen? Aber nicht mit mir, Freundchen. Meine Zollbeamten riechen den Braten schon meilenweit vorher. Es ist erstaunlich, wie schnell sich dein Falschgeld in meine Kassen geschlichen hat. Ganz unbemerkt waren die Scheine im Umlauf und trieben meine Wirtschaft fast in den Ruin. Du bist Schuld an all den arbeitslosen Jugendlichen, deinetwegen sitzen so viele auf der Straße. Mir ging es zu gut, einen sehr langen Moment war ich ohne Sorgen, vergaß das System, welches ich stabil halten muss; vergaß mein Volk und meine Gesundheit, vergaß meine Wurzeln und Ideale. Weil ich ganz dir gehören wollte. Eine Demokratie in einer Diktatur.

Du zeigtest dein wahres Gesicht, als mein Volk für mehr Aufmerksamkeit auf die Straße ging. Ohne mit der Wimper zu zucken, führtest du deine bewaffneten Truppen gegen meine friedliche Kundgebung. Ein Schuss, ein totes Argument und du hattest deine Grenzen gesteckt. Es dauerte eine Weile, bis ich meine Miliz aufgebaut hatte. In einem abgeschotteten Land muss man die richtigen Leute kennen. Trotzdem darf man keinem vertrauen. Eine absurde Situation – vormittags baute ich meinen Widerstand auf und am Abend saßen wir gemeinsam am Küchentisch. Wir haben nicht geredet, ich glaube, du hast meine Sprache nie verstanden.

Ich hatte den Tag des Ausbruchs in meinem Kalender rot markiert. Der Jahrestag unserer Regierungsbildung – wie passend.

Ich wählte bewusst dieses Datum, damit du merkst, wie wichtig mir mein Anliegen war. Ich schwang eine pathetische, ergreifende Rede; ich fuhr schweres Geschütz auf, ich legte einen völlig ausgereiften Plan zur Verteilung der Grenzen auf den Tisch – und du hast mich angesehen und all dies ohne jegliche Regung zur Kenntnis genommen. Wie einfach das war. Eine Revolution hatte ich mir aufregender vorgestellt. Aus meiner „Flucht nach vorne"-Strategie ist mir nicht einmal die Flucht geblieben.

Abschließend muss ich sagen, dass wir den Versuch, eine diplomatische Beziehung zu führen, als gescheitert betrachten können.

„Heute trifft Gestern" – Rainer Maria Rilke

So kam ich und vollendete
dir tausendeinen Traum.
Gott sah mich an; er blendete...

Du aber bist der Baum.

– Rainer Maria Rilke (Verkündigung)

Bin ich für dich der eine Baum,
so bist du meine Erde,
in der ich doch, wie einst im Traum,
durch dich vollkommen werde.

Ich umspanne deine Weiten,
wir halten uns in Stürmen.
Eine Resonanz und Saiten –
ein Schloss mit tausend Türmen.

Dich sah Gott, mich schaute er auch.
Uns beiden gab er Ehre.
Du bist, was ich zum Reifen brauch:
Ich bin Baum und du bist Erde.

Rabe

Den flinken Schwalben fliegst du südwärts nach,
schlägst Haken, geschickter als ein Habicht,
isst von einem Teller mit den Meisen,
gleich wie Eulen besingst du das Grablicht.

Mit den Hähnen raufst du dich bis aufs Blut,
frisst dich winterfett, gleichwohl wie ein Spatz,
hämmerst eifrig Löcher mit dem Buntspecht,
eine Amsel nennst du zärtlich *Mein Schatz.*

Stürzt dich wie Falken aus allen Wolken,
mit den Möwen spürst du die Gischt der See,
dem Kuckuck legst du Eier in das Nest,
noch vor der Nachtigall singst du vom Schnee.

Schmückst dich reichlich aus, so ganz ohne Hehl,
bis du endlich voll fremder Federn bist,
gibst dich leicht der falschen Annahme hin,
dass du ja schon bald das Krähen vergisst.

Ende

Narrenfreiheit

Einer von uns ist der Narr. Narren sind immer frei von jeglicher Verantwortung. Was der Narr auch tut, es gibt Gelächter und Applaus. Ein schöner Zeitvertreib, ein müheloser Kurzweil. Wie beruhigend, dass man nicht genau nachdenken muss, um es zu verstehen. Die Vorstellung aufführen, das Publikum charmant hinters Licht führen, eine zuckersüße Bonbonwelt erschaffen – das ist Arbeit und Blut. Es sieht nur kaum jemand.

Einer von uns schiebt den Vorhang zu. Stellt sich unzufrieden hinter die Bühne, hört das sorglose Trappeln des Publikums, welches beseelt und glücklich nach Hause geht. Der hinter der Bühne zündet sich eine Zigarette an und versucht, sich zu beruhigen. Die letzten zwei Nummern waren ein Reinfall.

Einer von uns schminkt sich ab. Wäscht das Grinsen, die Leichtigkeit aus dem Gesicht. Zieht das Bunte aus, um endlich wieder in das Trauergewand schlüpfen zu können. Ein Narr lacht niemals über seine eigenen Scherze. Er kann es nicht. Die Sätze zwischen den Witzen sind ihm viel wichtiger. Doch die gehen im Gelächter unter.

Einer von uns streicht den Lohn ein. Zählt die wenigen Scheine, dazu noch ein paar unhandliche Münzen. Mehr ist der Narr dem Publikum nicht wert. Wozu Unsummen bezahlen, wenn an der nächsten Ecke ein Schlangenmensch seine Kunst zeigt? Unterhaltung ist auch nicht mehr das, was es mal war.

Einer von uns fährt das Auto nach Hause. Im Kopf geht er die nächsten Vorstellungen durch, gelobt Besserung. Die letzten zwei Nummern müssen noch mal intensiv geprobt werden. Es muss ganz einfach aussehen. Drahtseilakte sind weniger spannend, wenn dem Akrobaten die Angst vom Gesicht abzulesen ist.

Einer von uns liegt im Bett und berührt den Anderen nicht. Der Andere will ihn auch nicht berühren, da er es leid ist, um Berührungen zu betteln. Er zählt in Gedanken den Lohn und zieht Miete, Strom, Essen ab. Für ein Geschenk würde es reichen. Doch was gäbe es zu feiern?

Einer von uns ist der Narr.

Ganz leise spricht die Stimme in mir.

Wer?

Makel

Das eingefallene
Gesicht.

Die heiser geschrienen
Stimmbänder.

Das halb gelesene
Buch.

Der permanente
Sitzkrieg.

Die unpassende
Musik.

Das ungewaschene
Geschirr.

Die zerrissene
Fotografie.

Die verschluckten
Wörter.

Nein.

Die weiße Stelle
am Finger.

Das ist mein Makel.

Eine Frage der Wortwahl

Ich habe eine Dokumentation gesehen. Grenzsoldaten an der ehemaligen Grenze zwischen Ost- und Westberlin informierten den Reporter über ihre Arbeit. Dabei ging es um den Schießbefehl, den jeder einzelne hatte. Die jungen Männer schauten direkt in die Kamera und trugen ihre vorher sorgfältig auswendig gelernten Verse vor.

„Ich werde meine Schusswaffe gebrauchen…"
„Dann werde ich meine Schusswaffe zum Einsatz bringen…"
Diese politisch korrekten Formulierungen haben mich wütend gemacht. Das heißt Schießen.

Töten.

Du bist ebenso geschickt mit Formulierungen.
„Wir sollten uns vielleicht eine Weile aus dem Weg gehen. Es ist bestimmt besser, wenn sich jeder von uns über die Sache im Klaren ist."
Sei unvorsichtig. Sprich es aus.

Trennung.

So ein hartes, grässliches Wort. Und doch, wir sind davor, dabei oder irgendwie dazwischen. Ich kann es nicht beschreiben und du solltest es nicht. Hierbei brauchst du keine Vorsicht walten lassen. Du bist brutal ehrlich, jedes weitere Wort – egal ob gut durchdacht oder nicht – nimmt mir mehr Luft zum Atmen.

Verzeihung.

Ich kann nicht rational bleiben. Und dass ich zynisch bin, das ist Selbstschutz. In einem Moment finde ich all das hier zum Schreien komisch, im nächsten könnte ich heulen, dann will ich dir die Augen auskratzen. Nach außen hin sind wir dennoch ein glückliches Paar. Es obliegt unserer Verantwortung, dass alle an die Liebe glauben. Wer, wenn nicht wir, kann denn sonst durchhalten?

Lähmung.

Völlig erstarrt sitze ich auf dem Sofa. Du hast deine Formulierungen präsentiert, bietest mir ein Gespräch an, bleibst still, bis ich dich etwas frage, antwortest einsilbig. Und während der ganzen Zeit habe ich nur diesen einen Gedanken:

So ist das also.

Traumfänger

Er geht durch alle Häuser,
in der Nacht, in der Stadt.
Er frisst die schlechten Träume;
wird so müde, ist so satt.

Ein schlechter Traum schmeckt furchtbar.
Der Fänger träumt für sich,
vom Schönen, Reinen, Echten.
Der Alp gluckst widerlich.

So vergeht die kalte Nacht,
zwölf Stunden ruht der Feind.
Der Fänger sucht im Dunkeln
nach einem Kind, das weint.

Er geht durch alle Häuser,
die Aufgabe, der Fluch,
der Sinn in seinem Leben;
sein Herz verbirgt ein Tuch.

Knöpfe

„Und diese Typen erst!"
Sie lauschte den ausgeschmückten Formulierungen ihrer Freundin. Ein Schluck Kaffee, dann geht es wieder.
„Da war einer, der war richtig gruselig." Ihre braunen Augen traten hervor.
„Der hat mich die ganze Zeit angestarrt. So." Sie schaute noch angestrengter.
„Und irgendwann kam er auf mich zu. Wie ein Raubtier. Mega gruselig. Und dann fragte er ganz direkt: 'Hast du morgen schon was vor?' Echt, das ging ja mal gar nicht."
Mit einer lockeren Handbewegung strich sie sich die Haare aus dem Gesicht. Ein flüchtiger Blick in das Café versicherte sie der Aufmerksamkeit des Kellners. Sie lächelte abwesend.
„Und dann?", fragt ihre Freundin halb aus Höflichkeit, halb aus Langeweile.
„Naja, meine Nummer hab ich ihm dann schon gegeben. Aber wir treffen uns erst in zwei Wochen. Vorher hab ich keine Zeit."
Kurz das Handy vorgeholt. Es hat gesummt.
„Vorher noch andere Dates."
Sie grinst.
„Vielleicht. Der Typ vom Seminar schreibt mir andauernd. Voll nervig."
Wieder eine Handbewegung, eine Strähne hängt ihr locker im Gesicht. Auch das hat der Kellner gesehen. Doch sie tut so, als beachte sie ihn gar nicht.
„Du hast gleich wieder einen an der Backe."
Sie schaut zum Kellner. Es klirrt. Eine Tasse geht zu Bruch.
„Mieses Luder."
„Wer hat, der kann.", sagt sie und lehnt sich entspannt zurück. Ein Griff in die Schachtel, das Feuerzeug klickt.

„Du könntest ja auch", sagt sie zwischen zwei Zügen, „Du traust dich nur nicht."

„Ich bin nicht so organisiert wie du."

Rehaugen blitzen. Kritik ist ein heikles Thema unter Freunden.

„So viel gibt's da jetzt auch nicht zu organisieren."

Bis zum Ende der Zigarette wird geschwiegen.

„Mach doch mal den Knopf auf."

„Wo?"

„Na da, der an der Bluse."

Sie beugt sich rüber und öffnet den ersten Knopf. Ein bisschen den Stoff beiseite. Besteck und ein Teller fallen herunter. Sie schaut zum Kellner

„Beim dritten Mal wird dir das vom Trinkgeld abgezogen."

Sie ist immer so peinlich. Ein Geschäftsmann kommt rein. Von der Bank gegenüber, schätzungsweise.

„Probe aufs Exempel."

Handbewegung. Ihr Haar sitzt perfekt.

„Wow, hast du heute noch was vor?"

Das ganze Café dreht sich zu den beiden jungen Frauen um. Auch der Typ aus der Bank. Sie lächelt herausfordernd.

„Lauter ging's wohl nicht.", flüstert ihre Freundin verärgert. Sie bleibt bei ihrer Lautstärke.

„Was, heute noch frei? Mädchen, du brauchst einen Mann!"

Es erzielt die gewünschte Wirkung. Der Typ aus der Bank schaut genauer hin. Besonders auf das jetzt sehr üppige Dekolletee. Seine Bestellung wickelt er ab, ohne den Kellner anzusehen. Sie schaut schüchtern zurück. Er bezahlt zu viel Trinkgeld und lächelt triumphierend. Na toll, jetzt setzt er sich in Bewegung. Eine Hangbewegung.

„Ich verzieh mich dann mal."

„Untersteh' dich!"

Elegant steht die geschickte Kupplerin auf. Ihre Freundin ergibt sich dem Schicksal.

Warum sind die beiden eigentlich noch befreundet?

„Hallo. Hier wird gerade frei, wie ich sehe. Kann ich mich kurz setzen?"

Verhaltenes Nicken.

„Keine Angst", sagt der Typ, „Ich bleibe nicht lange."

„Mittagspause?"

„Exakt. Ich arbeite hier gleich in der Bank."

Volltreffer. Kleider machen Leute, oder so …

„Bestimmt spannend."

„Naja, ist cool, wenn man die ganz Zeit mit Geld arbeitet."

Charmantes Lächeln, flüchtiger Blick aufs Dekolletee. Das zahle ich ihr heim.

„Aha."

Super, das Gespräch ebbt jetzt schon ab. Hinter dem Typen fuchtelt die Freundin herum. Hand nach oben, an Bluse, pantomimisches Aufreißen. Noch ein Knopf? Bei dir scheppert es wohl?!

„War nett, vielleicht sieht man sich hier ja nochmal."

„Na logo." Die Freundin schlägt die Hand auf die Stirn.

Der Typ aus der Bank steht auf, Blick aufs Dekolletee. Von hier oben hat man noch bessere Sicht. Okay, jetzt Exitus.

„Vorausgesetzt du fällst nicht gleich in die nächste Bluse."

Knopf zu. Treffer versenkt.

Der Typ verlässt geharnischt das Café. Die Freundin setzt sich wieder.

„Bravo, Diva."

„An dem Finale habe ich lange gesessen."

Zigarette für jeden.

„Du hättest ein wenig netter sein sollen. Dann säße ich jetzt nicht hier. Warum hast du nicht noch den zweiten Knopf aufgemacht?"

„Prinzipien. Halten noch fester als Knöpfe."

Rauch, Kaffee, Durchatmen.

Binsenweisheit

Eine solche kenne ich: Der Klügere gibt nach.

Dieses Mantra hat sich so sehr in unsere Köpfe gefressen, dass sie zur allgegenwärtigen Geisteshaltung und damit zum größten Problem geworden ist.

Denn wenn all die klugen Köpfe immer nachgeben, ist es doch kein Wunder, dass die Länder dieser Erde von Dummen geleitet werden.

Vergiss es

Wir sollten einen Aufsatz in Politischer Bildung schreiben. Das Thema: „Wie würde ich den Nahostkonflikt lösen?" Starker Tobak für Elftklässler, aber wer PB als Leistungskurs gewählt hatte, musste da eben durch. Ich schrieb, dass ich mit einem M16 an den Grenzen alle verdächtigen Palästinenser erschießen würde. Theo, mein bester Freund, schrieb, dass er die Anerkennung Palästinas unter der Hamas-Regierung in allen betreffenden 135 Staaten rückgängig machen, ein Wirtschaftsembargo verhängen und Israel zur Aufnahme diplomatischer Beziehungen mit der neu konstituierten gemäßigten Regierung Palästinas zwingen würde. Er verwies in seinem Aufsatz auf das oft sture israelische Wesen hin und arbeitete die Schuld beider verfeindeter Staaten heraus. Seine Arbeit war ein politisches Glanzstück. Theo war immer besser als ich, immer diplomatischer. Trotzdem bekam er eine Vier Minus. Ich eine Drei Plus. Mit dem Vermerk, dass ich auf meine Grammatik achten sollte.
Ich würde niemals Palästinenser erschießen. Ich will überhaupt keinen erschießen. Dieser Aufsatz war ein Test. Und meine PB-Lehrerin ist durchgefallen. Auf dem Schulhof wollte ich nicht hinter die Büsche gehen und heimlich rauchen. Ich wollte Frau Jäger abfangen. Vielleicht hatte sie ja heute Hofaufsicht. Frau Jäger war unsere Vertrauenslehrerin. Theo stand neben mir und beobachtete mich dabei, wie ich den Schulhof absuchte.
„Mach dir da jetzt nichts draus, Avi."
Ich schnaubte wie ein Pferd. Theo legte seinen Kopf auf meine Schulter.
„Wir sind beide nicht durchgefallen. Eine Vier ist doch okay."
„Du hast eine bessere Note verdient."
„Die Wittstock weiß schon was sie macht."
„Ich habe geschrieben, dass ich Palästinenser erschießen will."

„Okay. Aber immerhin hast du eine Vier bekommen. Vier gewinnt."

Er hob den Kopf und grinste überlegen. Ich hielt weiter Ausschau.

„Ich habe eine Drei gekriegt."

Das Grinsen verschwand schlagartig aus seinem Gesicht. Ich sah es nur halb, aber ich wusste, dass es so war. Am anderen Ende des Schulhofs sah ich das grüne Kostüm von Frau Jäger. Ich ließ Theo stehen. Frau Jäger war eine imposante Persönlichkeit und trotz ihres vorangeschrittenen Alters irgendwie schön. Von allen Lehrkräften genoss sie den Respekt aller an dieser Schule. Sie stand mit verschränkten Armen wie ein Adler vor dem Schultor. Ich lief noch entschlossener. Von außen sah es sicher urkomisch aus, wie ich zu ihr stampfte. Ich, auf dem Weg um vielleicht die nächste Nationalversammlung auszurufen. Sie, cool und lässig ihren Blick über den Schulhof wie über ein Königreich schweifend.

„Ich muss mit Ihnen reden.", sagte ich.

„Möchtest du mir nicht erst mal einen guten Tag wünschen?", entgegnete sie zuckersüß.

„Von mir aus. Ich muss mit Ihnen reden."

„Offensichtlich ist das Thema so brisant, dass du sämtliche Höflichkeitsformen über Bord wirfst."

Ich atmete hörbar. So komme ich da nicht durch. Frau Jäger war in diesen Dingen konservativ.

„Guten Tag", quälte ich mir heraus, „Ich muss mit Ihnen reden."

„Gerne, Avi. Wann?"

„Jetzt."

„Du hast gleich wieder Unterricht, oder?"

„Ja. Mathe."

„Und du möchtest lieber mit mir reden und Tee trinken, anstatt Exponentialfunktionen auszurechnen? Ich bin geschmeichelt."

„Es geht nicht darum. Ich muss mit Ihnen reden. Echt!"

Sie schaute mich plötzlich mit einer Mischung aus Besorgnis und Neugier an. Ich spürte, dass sich meine Augen mit Tränen füllten. Scheiß Emotionen.

„Das ist die Wut, verdammt.", erklärte ich ihr gereizt.

„Okay, komm mit."

Sie legte ihre Hand auf meine Schulter. Wir gingen in das Schulgebäude, ein kühler Hauch trocknete mein Gesicht. Wir liefen die Treppe hoch und dann zur zweiten Tür rechts. Frau Jägers Büro war freundlich gelb gestrichen, überall standen Bücher herum und an der Pinnwand hingen Postkarten von den Schulfahrten der Klassen.

„Setz dich."

Sie nahm hinter ihrem Schreibtisch Platz und räumte schnell ein paar Akten zur Seite. Sie war ein wenig chaotisch. Ich blieb stehen. Irgendwie hatte ich das Gefühl, dass ich sitzend nicht stark genug wäre.

„Setz dich doch bitte."

„Frau Wittstock hat mir eine Drei gegeben."

Ich kramte in meiner Tasche.

„Und das ist schlimm, weil…?", begann Frau Jäger.

„*Dafür.*", sagte ich und streckte ihr meinen zerknitterten Aufsatz entgegen. Sie schaute zweifelnd, nahm dann aber doch wortlos den Aufsatz und strich ihn glatt. Beim Lesen verformte sich ihr Gesicht zu undeutlichen Grimassen. Nach dem letzten Satz holte sie tief Luft und faltete das Geschriebene sorgfältig zusammen. Minuten vergingen wie Stunden.

„Würdest du dich bitte setzen.", sagte sie möglichst tonlos.

Alles fiel von mir ab. Der Stuhl war meine rettende Insel und ich ließ mich auf die Sitzfläche fallen. Um nicht völlig verloren zu sein, kramte ich wieder in meiner Tasche und zog meine Trinkflasche heraus. Meine Kehle fühlte sich wie Sandpapier an. Frau Jäger holte nochmals tief Luft und sammelte sich.

„Ich verstehe dich nicht, Avi. Du bist in dem Aufsatz zwar etwas radikal, aber Frau Wittstock hat nach eurer Meinung gefragt. Und wenn dies deine Meinung ist, dann sehe ich hier keinen Grund für eine Beschwerde."

„Theo hat nur ganz knapp eine Vier bekommen.", entgegnete ich trotzig.

„Dann hat Theo offensichtlich eine schlechtere Arbeit geschrieben."

„Wenn sich die Politiker an Theos Aufsatz halten würden, wäre da bald Frieden."

„Also regst du dich eher über Theos Benotung auf und nicht über deine?"

„Mich regt die gesamte Situation auf!"

Ich stand plötzlich wieder und war gerade so richtig in Fahrt gekommen.

„Mich regt es auf, dass Theo eine kluge und gerechtfertigte Kritik schreibt und fast durchfällt, und ich über das irrwitzige Erschießen von Palästinensern schreibe und dafür noch belohnt werde!"

„Woran liegt das deiner Meinung nach?", fragte Frau Jäger und traf damit ins Schwarze. Ich hörte mich nur noch ganz dumpf und von weit her. Es war wie im Rausch.

„Weil ich Jüdin bin! Weil ich in Watte gepackt werde! Weil jeder denkt, dass ich ja „mein Land" kritisieren darf! Weil ich für die alle sowieso nicht nach Deutschland gehöre! Und mich kotzt dieses ständige nachfragende, ranschmeißerische oder politisch korrekte Getue so an!"

Einen Moment lang hatte ich das Gefühl, dass Frau Jäger abwägt, ob sie aus dem Zimmer stürzen oder mir ins Gesicht springen soll. Sie entschied sich dann doch fürs tiefe Luft holen, kniff die Augen zusammen und strich sich übers Haar. Ich zitterte am ganzen Körper. Endlich war der Kloß im Hals draußen, den ich schon Jahre mit mir herumtrug. Meine Familie war die einzige jüdische in einem Umkreis von fast 50 Kilometern. Wir hatten alle sogar noch zusätzlich die israelische Staatsbürgerschaft. Den Sonderstatus, den Exotenbonus hatte ich schon von Geburt an. Damals war ich das einzige Kind, das nicht in den katholischen Kindergarten ging und an vielen Freitagen im Jahr auch während der Schulzeit zuhause bleiben durfte. Ich hatte das oft ausgenutzt ohne mir richtig darüber klar zu sein. Ich dachte, ich wäre nur ein Mensch.

„Du interpretierst da zu viel hinein. Das hat mit dem eigentlichen Sachverhalt doch gar nichts zu tun. Niemand verhält sich dir gegenüber anders, bloß weil du Jüdin bist. Nach über 70 Jahren glaube ich nicht, dass wir noch ein Problem damit haben –“

„Glauben Sie die Sülze, die Sie da erzählen.“, unterbrach ich sie. Du gehst zu weit, dachte ich. Frau Jäger war sprachlos, kämpfte mit ihrer Moral und verwarf dann sämtliche Pädagogik. Ihre Schultern sackten ab. Sie seufzte und ich ließ mich wieder auf den Stuhl fallen. Wir hatten beide gekämpft. Wir hatten beide verloren.

„Du hast ja recht. Ich weiß manchmal auch nicht, wie ich mich dir gegenüber verhalten soll.“

Ich nickte leicht mir war speiübel. Ich blickte aus dem Fenster und sah die Kastanie auf dem Hof mit ihren weißen Blüten. Endlich wurde es wieder wärmer.

„Vielleicht verhalte ich mich auch manchmal komisch.“

Frau Jäger sah ebenfalls auf die Kastanienblüten.

„Du bist 16. Du darfst dich komisch verhalten.“

Draußen fuhr ein Fahrrad vorbei.

„Das ist es nicht“, sagte ich nach einiger Zeit, „Ich kann mich bald nicht mehr wehren.“

Die Vertrauenslehrerin erwachte aus ihrer Trance.

„Wie meinst du das?“

„Egal.“

Ich stand auf. Was ich sagen wollte, hatte ich gesagt.

„Ich rede mit Frau Wittstock.", sagte Frau Jäger leise, während ich die Tür öffnete. Ich nickte und ging hinaus. Im Flur hörte ich das leise Murmeln der Lehrer in den Räumen. Sie waren alle beschäftigt. Ich wollte nicht zu Mathe. Ich ging hinaus auf den Schulhof, kletterte über die Fahrradständer und rauchte. In zwei Jahren würde ich meine Eltern stolz machen und lernen, wie man richtig schießt. Dann würde ich sicher wieder einen Aufsatz über den Nahostkonflikt schreiben. Und vielleicht mit einem M16 an der Grenze stehen.

Szene

An mir scheiden sich die Geister.
Bin zu lang – sagen die einen,
bin kein Kunstwerk und kein Meister.
Jemand wie mich – kenn` ich keinen.

In mir sammeln sich Abgründe.
Steh` ich aufrecht, bin ich zu groß,
Bucklig begehe ich Sünde,
wie ich`s drehe, es bleibt Verstoß.

Doch markiere ich das Zentrum,
jedes Kind kannte ich schon.
Ich bin ein Teil von dieser Welt,

bestimme den Ort, die Handlung,
bin die Instanz der Produktion,
mit der sie steht, mit der sie fällt.

Wo Licht ist, ist Schatten

Zwei Stühle, ein Tisch, eine Nachttischlampe.

Koriander kommt.

Setzt sich.

Lorbeer kommt.

Setzt sich daneben.

Koriander macht die Lampe an.

Lorbeer macht die Lampe wieder aus.

Dann macht Koriander die Lampe wieder an.

Und Lorbeer macht die Lampe wieder aus.

(Dieses Spiel kann beliebig lang dauern. Beide – Koriander und Lorbeer – blicken sich weder an, noch bewegt sich ein Muskel in ihrem Gesicht. Sie dürfen nur mit den Händen nach dem Schalter suchen. Es ist enorm wichtig, dass diese Anweisungen eingehalten werden.)

Nachdem Lorbeer zum wiederholten Mal die Lampe ausmachen möchte, greift Koriander blitzschnell nach Lorbeers Hand und schlägt sie weg.

Lorbeer ist jetzt nun erstmals überrascht.

Koriander bleibt weiterhin regungslos.

(Wieder vergeht Zeit, Lorbeer blickt nach einer Weile wieder ohne jegliche Mimik. Vielleicht tickt jetzt eine Uhr, oder vielleicht tickte sie schon die ganze Zeit.)

Mit einer ruckartigen Bewegung macht Lorbeer die Lampe aus.

Koriander vergräbt das Gesicht in seinen Händen und fängt an zu weinen.

„Immer machst du das. Warum machst du das? Warum machst du das immer?!"

Lorbeer ist zum zweiten Mal überrascht.

„Was machst du denn auch immer wieder das Licht an?"

(Der letzte Satz darf auf keinen Fall wie ein Vorwurf klingen. Es muss deutlich werden, dass trotz allem Koriander die Oberhand hat. Lorbeer kann Koriander nach Belieben trösten, bleibt jedoch auf seinem Stuhl sitzen. Koriander soll irgendwann aufhören zu weinen. Bis zum Ende des Gesprächs darf Koriander aber nur noch maximal dreimal schniefen.)

Koriander hat sich wieder gefangen.

Lorbeer blickt auf die Lampe und schaltet sie an.

Nun ist Koriander zum ersten Mal überrascht.

„Danke."

Lorbeer nickt.

„Ich habe Angst im Dunkeln."

Lorbeer nickt wieder.

(Jetzt tickt wirklich eine Uhr. Vor den Türen sammeln sich die Kritiker und Journalisten.)

Lorbeer hält seine Hand vor die Lampe, sodass ein großer Schatten entsteht.

(Lorbeer muss natürlich dementsprechend große Hände haben.)

„Siehst du den Schatten hier?"

Koriander nickt.

„Je näher ich dem Licht komme, desto größer wird der Schatten. Aber er wird auch unschärfer und heller. Siehst du es?"

Koriander nickt wieder.

„In jedem Schatten ist also auch etwas Licht. Du musst manchmal nur etwas näher heran, um es zu sehen."

(Diese Sätze müssen sanft gesprochen werden. Das Ticken der Uhr ist jetzt unregelmäßig und wandelt sich zu Regentropfen an Fensterscheiben oder einem Knistern. Koriander muss angestrengt nachdenken. Auch hier kann sich der Vorgang je nach Gemüt und Verfassung hinziehen. Wichtig ist der Überraschungsmoment.)

Koriander steht auf und geht bis zum Ende des Raumes.

Er blickt zu Lorbeer, der nun zum dritten Mal überrascht ist.

Dann kommt Koriander zurück.

Er stellt sich vor die Lampe.

Lorbeer beobachtet ihn.

Koriander macht die Lampe aus.

„Wo ist das Licht jetzt?"

„Am Rand. Da verschwimmt es."

Geschichtskurs

Unsere Wohnung erinnert mich an Deutschland im Frühjahr 1961. Die Mauer steht noch nicht, wir reden über Frieden und Wiedervereinigung. Wir sind eingeteilt, trotzdem gibt es Durchgänge. Ich glaube, das nennt man interzonale Kontakte.

Und doch wartest du nur sehnsüchtig auf August.

Eine offene Rechnung

Auf dem Blatt:
Zahlen.

Keine Hilfe,
ich muss Kopfrechnen.

Die Variablen,
das sind wir.

Aber aus einem x
kann ich
kein o machen…

Also komme ich
– trotz korrektem Rechenweg –

zum falschen
Ergebnis.

Mit Abstand das Ende

Der Herzmonitor oder irgend sonst ein Kontrollgerät an oder in meinem Körper piepte. Ich lag da. Eine halbe Welt auf meiner Brust, die mir noch die letzten Atemzüge erschweren wollte. Die porösen Knochen knirschten bei der geringsten Bewegung. Deshalb bewegte ich mich nicht mehr. Mein Hals wurde nur noch vom zentimeterdicken Schlauch offen gehalten. Ohne ihn wäre die Röhre längst schon zusammengefallen. Ich hörte fast nichts mehr. Nur noch das elende Piepen der Geräte und das Rauschen des Blutes durch meine Ohren. Ein fast schon höhnisches Puckern. Als hätte mein Blut beschlossen, auch ohne den ganzen Rest weiterzumachen. Ich starb. In diesem Moment. Und in all den anderen, die zu meinem Unglück darauf folgten. Der menschliche Körper ist enorm stur, wenn es ums Aufgeben geht. Andauernd schüttete mein Gehirn Dopamin aus, um die Schmerzen zu lindern. Ich war offensichtlich so schlau, dass ich mir den Tod möglichst schön machte. Die Schmerzen schwankten zwischen gerade erträglich und final wirkend hin und her. Das Enttäuschendste am Sterben war die Tatsache, dass es so furchtbar unspektakulär ablief. Kein weißes Licht am Ende des Tunnels, ich hing nicht an der Decke meines Zimmers und vor allem sah ich weder Elvis noch Johnny. Dabei hatte ich mich auf die beiden am meisten gefreut. Ich hatte keine Verwandten, die mir die Hand halten konnten. Jetzt im Moment wäre das auch nicht nötig gewesen. Die Kinder, die ich nie hatte, hätten sicher geweint, obwohl es nichts zu weinen gab. Nach über neun Jahrzehnten darf jeder sterben. Ganz ohne schlechtes Gewissen. Ich war nicht traurig. Gut, ich hatte schon angenehmere Situationen erlebt. Aber ... da habe ich ja auch *gelebt*. Vor allem ist mein derzeitiger Zustand mir langweilig. Diese ganzen Gerätschaften halten mich in dieser Welt fest. Ich bin nicht gläubig, aber ich hätte nichts dagegen, hier zu verschwinden. Egal, was danach auf mich wartet, falls überhaupt etwas wartet. Ich jedenfalls habe genug. Schön ist das Sterben nicht, aber ich kann nichts dagegen machen. Geschweige denn dafür. Also bitte, oh Herr oder Dings oder Irgendwas, mach es nicht so spannend. Ich bin alt und dumm geworden. Für dieses Leben hat es gereicht. Du brauchst mir kein fulminantes Ende bereiten, nur ein schnelles. Zu bereuen habe ich nichts, bedankt habe ich mich oft genug. Vielleicht erlaubst du mir aber noch eine Sache: solltest du wirklich existieren, und sollte ich kein Leben geführt haben, was dir gefallen hat, sollte ich folglich also in der Hölle oder im Fegefeuer oder sonst wo landen, bitte lass mich noch einmal meinen Vater sehen. Ihn hätte ich gerne bei mir, am Schluss. Womöglich war ich noch nie so ehrlich zu dir. Erfülle mir den Wunsch und danach kannst du mit mir machen, was du willst. Solltest du aber nicht existieren, dann vergiss den Wunsch. Dann gehe ich auch so.

Vom Verschwinden

Der schlug mit dreckigem Öl,
wer seine Hand hinter
den Rücken drückt,
und gleißenden Zucker
aus brauner Suppe schöpft,
der liegt flach und atmet wild.

Der lachte mit feuchtfrohem Grinsen,
wer aber seine Hände
vor demselben hält,
gelbe Stopfen aus verdorrtem Fleisch,
wer Ketten schlingt und frisst,
der staubt und fällt zusammen.

Der brach aus rohen Steinen,
wer sich tiefer bückt,
unter stinkender Menge,
rasend vor stechenden Dornen,
in Häusern wie von den Wänden,
der zerstreut was er verschlingt.

Der lief auf brechenden Füßen,
wer still sich trauernd verstümmelt,
liebend sich küsst,
dabei kalt die nackte Zunge schlägt,
der stirbt morgen und läuft weit.

Der verfiel tragweitem Denken,
wer sie vom Himmel schoss
und wieder seine Hand
flieht nun in warme Hosen,
das fettige Haar in einem Zopf,
dunkles Grün ging durch die Nacht,
der blickt und stellt keine Fragen.

An meine Sachbearbeiterin

Liebe Frau B.,
oder soll ich Sie schon mit Vornamen ansprechen. Schließlich hegen wir eine sehr innige Beziehung, die weit über eine bloße Bekanntschaft hinausgeht. Immer wenn ich Probleme habe, rufe ich Sie an. Und Probleme habe ich ständig. Denn dieses System ist darauf ausgelegt, Probleme zu verursachen. Aber wir beide, Sie und ich, wir sind ein gutes Team. Seit fast vier Jahren schon stehen wir in regem Kontakt. Leider schicken Sie mir oft nur Briefe. Das ist so schade, schließlich haben Sie doch auch meine private Nummer. Und ich rufe Sie auch zurück. Oder wir treffen uns mal auf einen Kaffee. Das ist doch viel angenehmer, als dieser formelle Ton und die gespielte Seriosität. Vielleicht können wir uns auch Duzen.
Also, Cindy, warum so stur? Es ist schön, wenn du stets sorgfältig meine Dokumente prüfst und mich freundlich auf Versäumnisse hinweist. Aber muss es jedes Jahr das Selbe sein? Ich informiere dich gerne, wenn sich was bei mir ändert. Doch einige Dinge bleiben unverändert und schmerzen mich, wenn ich daran denken muss. Und du willst mich doch nicht zum Weinen bringen, oder? Ich ziehe auch nicht jedes Jahr um. Ich bleibe gerne in meiner Wohnung. Komm doch mal vorbei, dann siehst du auch gleich, dass ich sicher nicht über meine Verhältnisse lebe. Überhaupt könntest du ein wenig toleranter sein. Regelstudienzeit ist eine Illusion. Ich bin ja wirklich nicht der erste Fall von Beförderungszeitraumüberschreitung.
Vielleicht ist das aber auch ein Trick von dir. So kannst du ganz unvermittelt mit mir in Kontakt treten. Ich antworte auch fleißig, schließlich hängt von deiner Entscheidung mein Lebensunterhalt

ab. Aber, mal ehrlich, wenn du wen zum Reden brauchst, dann kannst du das auch einfacher haben...

Cindy, ich mag dich irgendwie. Du kannst auch mal über einen Witz lachen. Du kleidest dich sehr adrett. Und du hast eine angenehme Stimme am Telefon. Das wollte ich dir schon immer mal sagen. In einer Beziehung – egal in welcher genau – soll man ehrlich sagen, was einem gefällt und was einem stört. Manchmal stört mich dein fordernder Tonfall. Wir stehen doch auf einer Ebene. Von Angesicht zu Angesicht; von Mensch zu Mensch. Da kannst du ruhig etwas lockerer sein, ich verrate es auch keinem, wenn es dir so unangenehm ist. Aber so von oben herab, das ist – entschuldige die Wortwahl – beschissen. So willst du von mir doch auch nicht behandelt werden. Im Übrigen sollte so niemand behandelt werden. Ich kann da auch gerne mal ein ernstes Wörtchen mit deinem Chef reden!

Du musst dich auch mal durchsetzen, Cindy. Soziale Ungerechtigkeit betrifft auch Beamte. In diesem Teufelskreis kann man auch als Großverdiener geraten, mach dich da bloß rechtzeitig genug schlau. Ich kann dir mal was raussuchen, neulich war da ein interessanter Artikel in der *taz*, vielleicht finde ich den noch irgendwo...

Wie auch immer, du weißt, was ich meine. Cindy, du bist echt ein Original. Lass dich nicht beirren und bleib so wie du bist.

P.S.: Die Frist für die noch einzureichenden Dokumente kann ich leider nicht einhalten.

Sprung ins Nichts

Auf der Brücke stehe ich;
ruhiges Wasser, stiller See.
Es ist Nacht und mir ist kalt –
Himmel, ist das ein Klischee!

Und doch zieht es mich hier her.
Wenn alles schläft – nur nicht ich.
Ein Vogel kreischt über mir,
Regen peitscht in mein Gesicht.

So dramatisch will ich sein;
Zuhause liegt schon der Brief.
Jetzt steh' ich hier – wie so oft –
auf der Brücke: Sie ist schief.

Mit solchen Kleinigkeiten
überschwemmt mich mein Gehirn.
Ich blicke in das Wasser,
ich fasse mir an die Stirn.

Mein Fieber ist nicht krankhaft.
Ich bin schon so geboren.
Ein Mensch geht an mir vorbei,
er wirkt etwas verloren.

Der Himmel verscheucht Wolken.
Das Schwarz wird langsam blasser.
Die Frage: spring' ich – oder
spucke ich nur ins Wasser?

Weil es jetzt Bananen geben soll

Der staatlich anerkannte Bürokaufmann für internationale Kommunikation, Konstantin Herzog, wurde von allen im Büro nur Konni genannt. Das ist in Ordnung, denn er hätte es weitaus schlimmer treffen können. Vor einiger Zeit hatte die Firma einen Austausch mit dem Sitz in Pakistan und es kam ein Kollege namens Makali Puh Puh. Dessen Spitzname kann man sich ja wohl denken. Aber fiese Kollegen oder einen Austausch an den Arsch der Welt waren Konnis geringste Probleme. Aufgrund der Finanzkrise, dem miserablen Firmenmanagement und den – zugegebenermaßen noch nicht vollständig nachgewiesenen – gesundheitsschädlichen Langzeitwirkungen hatte der Chef sämtliche Telefone und Diensthandys, Laptops, Tablets und Computer durch biologisch angebaute Fair Trade-Früchte ersetzt. „So ein Idiot", dachte Konni, „Wie soll ich jetzt den Deal mit Japan machen?" Das wird eine harte Zeit werden, jedem in der Firma war dies beim ersten Kontakt mit den neuen Arbeitsgeräten klar geworden. Tagelang versuchten sie ihr Bestes, um den Betrieb unter diesen Umständen aufrecht zu halten. Es gab Solidaritätsbekundungen aus der Verwaltungsabteilung, die Juristen schnauften wütend und schlugen in ihren Taschenbuchausgaben *Arbeitsrecht für jeden Tag* nach. In der zweiten Woche kapitulierte die Sekretärin der Chefs. Sie fegte durch die Eingangshalle und schrie dabei: „Ich beantworte nie wieder Briefe!" Der totale Boykott folgte jedoch erst in Woche fünf, als die Ersatzgeräte Unmengen von Fruchtfliegen angezogen hatten, alle Praktikanten gemeinsam mit der Lieferabteilung die Klos verstopften und in einem Sitzkreis in der Kantine riefen: „WIR SIND DIE 99 PROZENT!"
Die Lokalpresse berichtete breit. Diese Story kam ihnen wie gerufen, nachdem sämtliche Protestaktionen der letzten Zeit

allmählich abgeflaut waren. Es ist gut, wenn es irgendwo kracht, sei es auch nur in einer Kommunikationsfirma. Endlich bekam das örtliche Telefonunternehmen Wind von der problematischen Situation. Es unterbreitete der Firma ein mehr als großzügiges Angebot und nach viel gutem Zureden unterschrieb der Chef den Vertrag. Selbstverständlich ohne Anschlussgebühr und mit LTE. Heute sieht man von der Bürorevolte nur noch ein halb verschmiertes Graffiti links bei den Parkplätzen.

„Mobile Endgeräte für alle!"

Hier stehe ich

Hätte mein Geist
oder meine Souveränität
Füße,
selbst hier würden sie
versinken.
Kein Halt
unter der Sohle,
kein Fundament
unter dem Schmutz,
unter dem Moor,
links noch etwas tiefer.
Schmerz und Wasser
haben keine Balken.
Ich gehe unter
und doch
bleibt mir
mein unumstößlicher
Standpunkt.

Hier stehe ich.

Und Luther
hat das
nie
gesagt.

Ein Davor und ein Danach

Sie schüttete den kalten Kaffee in einem Zug herunter. Der ganze Tag, die ganzen letzten Stunden, vereinten sich in diesem erbärmlichen Schluck brauner Brühe. Das Geräusch der Tasse beim Abstellen riss sie aus ihren Gedanken. Die Wäsche musste noch gemacht werden. Sie ging ins Bad, öffnete die Waschtrommel und rupfte die weiße Kleidung aus dem Beutel. Bei einem Oberteil hing noch ihr Namensschild. Sie löste die Sicherheitsnadel und blickte auf das lächerlich freundliche Schild. Schwester Judith. Pflegekraft. Zurück am Küchentisch spielte sie mit dem Schild. Ihre Mutter arbeitete schon in dem Heim. Altenpflege war ihr Traum. Judith kümmerte sich damals um ihre Großmutter. Ihre Arbeit sei wichtig. Sie selbst war ein unabkömmlicher Teil der immer älter werdenden Gesellschaft. Jetzt war sich Judith nicht mehr so sicher. Dabei zog sie niemals ihre Entscheidungen in Zweifel. Sie wollte diesen Weg und sie ging ihn. Dieser Weg hatte sie heute in das Zimmer von Herrn Voigt gebracht. Herr Voigt war neu, vor zwei Tagen erst eingezogen. Judith hatte gestern frei. Der Tag begann wie jeder normale Arbeitstag. Ein gutes Frühstück, der Bus aus der Stadt hinaus war heute besonders leer. Judith stieg an der Endhaltestelle aus, ging über den Betriebsparkplatz in das Gebäude, bog nach rechts ab. Haus B. Sie sollte die Bewohner aus den Zimmern 1.12 bis 1.15 waschen. Die ersten drei Bewohner – Herr Müller, Frau Jenisch, Herr Teuber – verhielten sich wie immer. Judith war ein wenig nervös, wie bei jedem Neuzugang. Sie klopfte an die Tür von Zimmer 1.15, trat ein und sah ihn. Ein leicht verdatterter alter Mann mit freundlich zerfurchten Gesichtszügen. Er saß ruhig am Tisch und las angestrengt in einer Zeitschrift. Er blickte kurz auf, als die Schwester ins Zimmer kam. „Guten Morgen, Herr Voigt. Ich bin Schwester Judith. Dann wollen wir Sie mal waschen." Ihr

Standardsatz, sonst ohne Vorstellung. Herr Voigt nickte kaum merklich. Judith half ihm auf und beide gingen ins Bad. Es war in das Einzelzimmer integriert, so bewahrte man etwas Privatsphäre. Judith drehte die Heizung auf und entkleidete den alten Herrn sorgfältig. Herr Voigt half so gut er konnte. Die Schwester ließ warmes Wasser ins Waschbecken ein und begann, Füße und Beine zu waschen. „Ich kann das noch.", sagte Herr Voigt nach einiger Zeit. „Wirklich? Dann dürfen Sie gerne übernehmen.", sagte Judith laut, denn sie sprach immer laut auf Arbeit. Wer jeden Tag mit Menschen zu tun hat, die nicht mehr richtig hören können, attestiert allen ein Hörproblem. Herr Voigt nahm den Lappen und tauchte ihn ins Wasser. Er wusch sich recht gründlich und Judith dachte noch daran, dass sie ihn beim Waschtraining anmelden würde. Und dann sah sie die Buchstaben. Auf der Innenseite des linken Oberarms. AB. Es war nicht ungewöhnlich, dass Bewohner tätowiert waren. Die Schwester wollte gerade fragen, was es damit auf sich hatte, als sie plötzlich von weit her die Stimme ihrer Geschichtslehrerin hörte. „Die SS tätowierten sich ihre Blutgruppen, um bei einer eventuellen Verletzung schnellstmöglich die passenden Blutkonserven bereitstellen zu können." Nur eine Minute – wenn überhaupt – hatte es gedauert und aus dem netten alten Mann ist ein Monster mit unklarer Vergangenheit geworden. Fast mechanisch zog Judith den Herrn an und ging wortlos aus dem Zimmer. Eine Jugendsünde, ein Zufall, bestimmt. Der Weg zum Dienstzimmer zog sich unnatürlich in die Länge. Sofort griff Judith nach der Akte von Herrn Voigt. Sie blätterte. Was sie suchte, wusste sie selbst nicht wirklich. Ihre Kollegin Conny kam gerade von ihrem Waschgang herein. „Alles klar bei dir?", fragte Conny tonlos. Judith drehte sich nicht um, sie antwortete nicht, sie war in der Akte gefangen. Egon Ulrich Voigt, 1917 in Weimar geboren, zwei Kinder, Witwer. „Judith?" Sie schreckte hoch. „Sorry, war gerade völlig weg." – „Hab ich gemerkt.", erwiderte Conny lächelnd. „Du, sag mal, warum ist Herr Voigt eigentlich hier gelandet? Kümmert sich keiner der Angehörigen um ihn?", fragte Judith bemüht locker. „Der Sohn hat ihn gebracht. Er schien schon besorgt um seinen Vater zu sein. Den sehen wir bestimmt bald wieder. Arbeitet aber viel. Herr Voigt hatte bis vor kurzem eine polnische Pflegekraft gehabt. Der Sohn meinte, da hätte es Probleme gegeben. Deshalb ist er hier." - „Aha." Vorhin wäre sie noch der Meinung gewesen, die polnische Schwester hätte Geld entwendet. Jetzt war sie sich sicher, dass die Pflegekraft Familie in Auschwitz verloren hatte. Es ist doch so schade, dass man nie frei von Vorurteilen sein kann. Conny ging aus dem Zimmer. Judith blätterte weiter in der Akte. Ihre Gedanken kreisten um die feinen Buchstaben auf dem Oberarm. Sie suchte die ärztliche Untersuchungsakte. Demenz festgestellt, leichter Schnupfen bei Einlieferung, bekannte Allergien: Tomaten, Acetylsalicylsäure, Blutgruppe AB, Rhesus positiv. Also kein Zufall. Die Waschmaschine gab einen leisen Piepton von sich. Ihre Bewegungen schienen wie gehemmt. Alles war langsamer. Sie öffnete die Trommel und zog die nasse Wäsche heraus. Immer wieder schaute sie dabei auf ihre Hände. Ich habe ihn angefasst, ich muss meine Hände waschen. Ihr wurde übel. Die graue Wäsche füllte den Korb. Im Waschraum des Heims sah die nasse Wäsche ähnlich grau aus. Nach ihrer Aktenlektüre zog sich Judith in das Wäschelager zurück. Stapelweise lagen hier Arbeitshosen, Oberhemden, Kittel, Bettwäsche und Tischtücher in den Regalen, graue Wäsche hing auf der Leine. Judith mochte die Ruhe hier. Manchmal kam sie zum Atmen her, wenn der Alltag ihr die Luft raubte. Sie war durcheinander. Was sollte sie tun? Einen bloßen Verdacht der Leitung melden? Schweigen? Herrn Voigt ansprechen? Judith war überzeugt, dass er abstreiten würde. Oder? Schließlich war er hochgradig dement und dachte vielleicht, er lebe wieder im Dritten Reich. Wer sagte denn, dass Herr Voigt grausam war. Zwei Kinder, vielleicht hat er nur seinen Job getan, um seine Familie durchzubringen. Schließlich war

Krieg. Und er hatte Befehle zu befolgen. Eine halbe Stunde später saß Judith mit ihren Kollegen im Dienstzimmer. Das Mittagessen wurde besprochen. Judith konzentrierte sich auf den Moment. Sie wollte nicht an die Bilder aus ihrem Geschichtsbuch denken. Plötzlich kam die Dienstleiterin zu Zimmer 1.15. „Die Bitte seines Sohnes, Herrn Voigt allein im Zimmer essen zu lassen, kann ich zwar nicht nachvollziehen, aber gut, soll's so ein. Wer reicht das Essen?" Judith meldete sich. „Super, dann mal guten Hunger.", sagte die Dienstleiterin und alle strömten ihren Tätigkeiten entgegen. Judith ging zum Speisewagen, füllte den Teller und ging den Flur hinunter. Es gab vor jedem Zimmer eine kleine Kammer. Im Notfall fand man dort Medikamente, einen Defibrillator, eine Trage und Verbandszeug. Judith saß dort und fühlte sich stark. Herr Voigt verdiente kein Mittagessen. Einem SS-Offizier serviert man kein Senfei. Judith aß langsam. Alte Menschen brauchen viel Zeit zum Essen. Das Ei schmeckte chemisch. Es war ihr egal, ihr Hass war mächtiger als ihre Geschmacksnerven. Nach einer ganzen Weile stand sie auf, sie hatte nicht einen Fuß in das Zimmer gesetzt. Er würde nichts sagen. Demenzkranke vergaßen oft, dass sie gegessen hatten. Jetzt saß sie vor ihrer Wäsche und ihr kamen die Tränen. War sie wirklich so scheußlich? Ist die Vergangenheit eines Menschen so wesentlich, dass man jetzt entscheiden konnte, was Gerechtigkeit war? Das alles waren Dinge, die weit vor ihrer Geburt geschehen sind. Ihr kam immer wieder ein Satz ins Gedächtnis. „Fragt euch immer, was ihr getan hättet, wenn ihr in dieser Zeit gelebt hättet." Wäre sie in der Lage gewesen, die unmenschliche Diktatur als solche zu enttarnen und zu bekämpfen? Wäre sie bereit gewesen zu leiden und zu sterben? Oder wäre sie eine unter Tausenden gewesen, ein Mitläufer, der nur seine Haut retten wollte, ein kleines Licht, dass sich mit der Gegenwart arrangiert hätte? Judith hockte im Bad. Sie konnte ihre Scham nicht mehr verbergen und weinte hemmungslos. Was hatte sie getan? Sie hatte doch immer alle Bewohner gleich behandelt.

Egal ob jemand seine Frau geschlagen, eine andere ihr Kind abgegeben oder einer den Mädchen immer unter die Röcke gegriffen hatte. Am Ende des Lebens zählte alles zuvor erstaunlich wenig. Judith hatte einem Menschen das Grundrecht verwehrt. Ihre Tat stieg ihr zu Kopf. Sie schaffte es gerade noch rechtzeitig die Toilettenschüssel hochzuklappen. Der bittere Geschmack von halb verdautem Essen kroch in ihre Nase. Sie spülte und wusch sich den Mund aus. Judith blickte in den Spiegel. Ihre Knie zitterten. Sie buchstabierte ihren Namen im Kopf. Judith Levi. Der Schlag ihrer Gedanken kam überraschend nüchtern. Sie wäre ein Opfer gewesen. Eine unter Tausenden. „Wir dürfen die Taten der Vergangenheit nicht mit unseren heutigen moralischen Maßstäben vergleichen. Auch der Nationalsozialismus war eine Moral. Vollkommen außerhalb von Gut und Böse.", hörte sie ihre Lehrerin sagen, als wäre sie wieder im Geschichtsleistungskurs. „Menschlichkeit ist doch aber ein allgemeines, allzeit umspannendes Kriterium.", antwortete sie damals. Wie menschlich war Judith heute gewesen? Ein Mittagessen war noch kein Verbrechen. Aber es war ein Anfang. Eine Stunde später lag ihr Kündigungsschreiben auf dem Küchentisch.

Danksagung

Der Mama sagt man immer zuerst Danke. Dann kommen die Freunde, dann kommen die vielen Unterstützer_innen, dann die Korrekturleser_innen, zuletzt alle anderen.

Also:

DANKE, MAMA!

Danke an alle, die dieses Buch zu dem gemacht haben, was es jetzt ist. Und vor allem danke ich allen, die sich durch das Buch und den Papierstapel durchkorrigierten.

Der Teufel steckt eben doch auf der Tastatur.

Danke an Heli, Jenny, Jessy, Zeno, Tabea, Zevan und all die anderen, die sich bereitwillig auf das „Abenteuer" eigenes Buch eingelassen haben. Danke für eure kritischen, gut gemeinten und konstruktiven Ratschläge und verzeiht, wenn ich nicht alles umgesetzt habe, was ihr vorgeschlagen habt. Aber ihr wisst ja, eigener Kopf, eigenes Buch.